思想政治教育研究文库

新时代高校资助育人研究

王亚男　著

光明日报出版社

图书在版编目（CIP）数据

新时代高校资助育人研究 / 王亚男著 . -- 北京：
光明日报出版社，2023.6
ISBN 978 - 7 - 5194 - 7353 - 2

Ⅰ.①新… Ⅱ.①王… Ⅲ.①高等学校—助学金—学
校管理—研究—中国 Ⅳ.①G649.20

中国国家版本馆 CIP 数据核字（2023）第 125568 号

新时代高校资助育人研究
XINSHIDAI GAOXIAO ZIZHU YUREN YANJIU

著　者：王亚男	
责任编辑：刘兴华	责任校对：宋　悦　张慧芳
封面设计：中联华文	责任印制：曹　诤

出版发行：光明日报出版社

地　　址：北京市西城区永安路 106 号，100050

电　　话：010 - 63169890（咨询），010 - 63131930（邮购）

传　　真：010 - 63131930

网　　址：http://book.gmw.cn

E - mail：gmrbcbs@ gmw.cn

法律顾问：北京市兰台律师事务所龚柳方律师

印　　刷：三河市华东印刷有限公司

装　　订：三河市华东印刷有限公司

本书如有破损、缺页、装订错误，请与本社联系调换，电话：010-63131930

开　　本：170mm×240mm		
字　　数：199 千字	印　　张：13	
版　　次：2023 年 6 月第 1 版	印　　次：2023 年 6 月第 1 次印刷	
书　　号：ISBN 978 - 7 - 5194 - 7353 - 2		
定　　价：85.00 元		

内容简介

    本书以马克思主义理论视角分析和研究资助育人，总结并归纳新的历史条件下高校资助育人的理论内涵和运行规律，在新的层面上思考和检视资助育人存在的问题。注重对资助育人作用机制的分析，全面探讨资助育人的起点、可能性、重点和价值旨归，阐释"资助何以育人"的关键问题。注重价值与实践导向，在对资助育人进行学理阐释、历史经验的梳理和发展现状的分析的基础上，探讨当下高校资助育人的优化与创新，基于系统论和整体性的思路对新时代高校资助育人的实施过程提出优化建议，并对高校资助育人制度的支持保障体系提出完善策略。为新时代高校资助育人提供可实施、可持续的路径方法，有助于推动高校资助育人的科学化，提高资助育人实效。

序

　　新时代迎来新机遇、面对新挑战，也意味着开启新征程、迸发新活力。从党的十八大报告提出"提高家庭经济困难学生资助水平"，到党的十九大报告强调"健全学生资助制度"，再到党的二十大报告指出"完善覆盖全学段学生资助体系"，无不体现出党中央对学生资助的高度重视和持续关注。这不仅为新时代资助育人指明了方向，也对新时代的资助育人工作提出了更高的要求。

　　概言之，资助育人是集"资助形式"与"育人内核"为一体的人才培养事业。实践证明，资助不仅发挥了促进教育公平和社会公平的重要作用，还对国家建设和社会发展有着重要而深远的意义。资助育人是落实立德树人根本任务的必然要求和培育时代新人的重要途径，能够有力促进社会主义现代化国家建设急需人才的培养和使用，为实现中华民族伟大复兴提供人才支撑，是关涉国计民生的伟大事业。

　　经过七十多年的发展，我国已经基本解决了家庭经济困难学生的上学难问题，并建立起了"奖、助、贷、勤、补、减、免"七位一体的学生资助体系，有力地推动了教育公平和我国高等教育事业的发展。但不可否认的是，家庭经济困难学生在学业基础、眼界视野和综合素质等方面仍与其他学生存在一定差距。随着全面建设社会主义现代化国家和中华民族伟大复兴战略的不断推进，党和国家对于人才的需求必将更加迫切，作为人才培养的重要手段，资助育人仍然任重道远。资助工作应更多地发挥育人功能，更加关注家庭经济困难学生的发展性需求，建立更加完善、系统、协同的资助育人工作机制，帮助家庭经济困难学生更好地成长成才，助力服务国家发展战略。

　　王亚男博士长期在高校从事资助育人工作，具有丰富的实践经验，对育人工作中存在的现实问题有着敏锐的感知力和捕捉力。作为她的博士研究生导师，从论文的选题、论文的撰写修改整个过程，我一直要求她做到紧扣现实，紧盯前沿，从这本专著中体现的现实关照和理论探讨来看，她确实围绕这两个方面做了努力。王亚男博士在该书中对新中国成立以来高校资助育人的发展演进脉络、成就与经验进行了必要的梳理与总结。围绕"资助何以能够育人"的关键问题，从马克思主义理论视角对资助育人的逻辑起点、实现条件、价值旨归和目标指向进行了学理阐释，力图从人的本质属性出发，探讨高校资助育人的合理性与现实性，分析高校资助育人的作用机理，尝试提炼资助育人的理论逻辑和学理依据。对资助育人从"资助政策"的实施情况和"育人功能"的发挥情况两个维度进行现状考察，发现资助育人存在的不足，并深入挖掘背后的原因。进而立足新时代资助育人的现实境遇，尝试提出完善高校资助育人实施过程和支持体系的总体思路与优化路径。相信王亚男博士的这本专著可以为从事资助育人工作的一线人员提供借鉴，也可以为相关方向的研究学者开展理论研究带来一定启发。

　　是为序。

冯刚

2022 年 11 月

前　言

学生资助涉及国计、关乎民生、牵动民心。新时代高校资助育人，是促进教育公平和社会公平的关键之策，是建设人力资源强国、培育时代新人的必然要求，是实现中华民族伟大复兴中国梦的战略之举。自新中国成立以来，党和政府始终高度重视高等教育事业发展，对家庭经济困难学生的成长成才给予格外关注。进入新时代，在党中央的正确领导和习近平新时代中国特色社会主义思想的指导下，各级政府主管部门和各高校高度重视资助工作，坚持以人民为中心，紧紧围绕立德树人根本任务，全面推动高校资助育人事业发展。

总结回顾新中国成立以来高校资助育人发展的历史脉络可以看出，我国高校学生资助政策体系经过了三个阶段的探索和发展，建立了以"奖、助、贷、勤、补、减、免"等为核心的高校学生资助政策体系，在政策科学化、资助精准化、管理规范化等方面也有了质的飞跃。在资助政策体系不断完善的过程中，资助育人理念逐渐深入人心，各高校在实践中将"育人"贯穿学生资助工作全过程，推进了资助工作由保障型向发展型的转变。在各级政府、学校、家庭和社会多方共促下，我国高校资助育人在促进高等教育事业发展、推进我国人力资源开发水平、助力打赢脱贫攻坚战和阻断代际贫困等方面发挥了重要作用，为中国特色社会主义现代化事业建设培养了大批人才，在观念变革、基本原则、物质保障以及育人实践方面积累了独具中国特色的宝贵经验，为新时代资助育人研究和实践提供了借鉴。

资助育人虽然是一个实践问题，但其理念的提出不是无根据的，而是具有深厚的理论依据和学理支撑的。资助究竟何以育人，其内在的动因和依据是什么？从马克思主义人学理论的视角对资助育人的运行机理进行分析，认为资助育人的内在逻辑符合人生存发展的基本规律，资助和育人分别满足了人的物质和精神需要，人对生存和生活的基本需要和基本权利的追求是推动资助育人的内生动力源。人本质中的可塑性、社会性和实践性为资助实现育人功能提供了可能，资助育人正是通过对人的本质的不断重塑，达到育人的目的。在目标上，资助育人的价值旨归在于助力人实现个人价值和社会价值的统一，并最终指向人的自由全面发展，促进学生成长成才，这与人对于价值实现和自身发展的诉求是一致的，也与社会发展和国家建设的要求相契合。马克思主义相关理论为资助育人实践提供了坚实的学理支撑和思想指引，并在资助育人的不断实践中得以验证和丰富，促进了资助育人事业的繁荣发展。

在总结新中国成立以来高校资助育人发展成就的基础上，对高校资助育人的发展现状进行研究分析，发现目前高校资助育人在育人主体作用的发挥、对育人对象的认识、育人要素间的协同、育人成效评估等方面依然存在着问题和困境。这些问题和困境的存在不仅有资助育人总体发展不成熟、育人思维存在单向度模式、育人过程系统性缺陷等原因，也有新时代资助育人面临着多元社会思潮、新媒体舆论冲击和校园环境变化等育人场域复杂化的挑战等原因。站在新时代的历史方位，面对这些困境、问题和挑战，对新时代资助育人工作体系进行全面优化和重构，就显得更加必要和重要。

在对资助育人进行学理阐释、历史经验梳理和发展现状分析的基础上，依据马克思主义人学理论和思想政治教育的相关理论，基于系统论和整体性的思路对新时代高校资助育人的目标导向、原则遵循、内容体系和方法路径等实施过程提出优化建议，并对高校资助育人的制度保障体系、队伍建设体系、资源保障体系和环境体系在内的高校资助育人支持体系提出完善策略。试图从内部动力和外部助力两个层面对高校资助育人的发展提供一种运行思路和模式，以期理顺新时代高校资助育人的运行框架和实践路径，提升资助育人的实效性。

目　录
CONTENTS

绪 论

　　培养建设中国特色社会主义和担当民族复兴大任的时代新人，是新时代我国高校的核心使命，也是实现中华民族伟大复兴的关键之策。回答新时代育人之问，关键在于解决"育什么人"和"如何育人"的核心问题。其中，教育公平是前提，立德树人是根本。资助育人正是我国推进教育公平、落实立德树人根本任务的伟大事业。一直以来，党和政府高度重视学生资助工作，切实保障教育公平，不仅兑现了"不让一个学生因家庭经济困难而失学"的承诺，还在完善资助政策、加大资助投入、健全工作机构等方面不断努力，大力推进学生资助工作深化发展。如今，我国高校学生资助不仅是一项经济资助，而且已经成为由"保障型"资助向"发展型"资助转变的一项育人事业，是培育时代新人、锻造社会主义事业建设者和接班人的战略之举，也是落实立德树人根本任务的题中之义。因此，新时代高校资助育人研究具有重要的研究价值和深刻的现实意义。作为一个理论问题，学理研究为资助育人实践工作提供理论指导和智力支持，因此必须深入分析资助育人的理论逻辑和运行机理，把握其内在规律和科学属性，在此基础上构建资助育人的理论体系。作为一个实践课题，还应立足时代、认清现状、面向未来，分析在资助育人实践中遇到的问题、面临的机遇和挑战，提出具有前瞻性、科学性和可行性的发展策略。唯有如此，才能真正推动新时代高校资助育人内涵式发展，切实提升高校育人实效。

一、研究缘起及研究意义

(一)研究缘由

一是落实立德树人根本任务的时代要求。在 2016 年 12 月召开的全国高校思想政治工作会议上,习近平总书记从我国高等教育和高校办学实际出发,提出高校立身之本在于立德树人,要把立德树人作为中心环节。这既是对高校贯彻落实立德树人提出的明确要求,也是对高校思想政治工作提出的工作方向。学生资助是高等教育的重要组成部分,关系到大学生的成长成才,必须以"立德树人"作为根本遵循,深入挖掘资助工作的育人价值,革新资助育人理念,站在高校培养人才的战略角度思考如何更好地资助、更好地育人,将资助育人作为推进立德树人和培育时代新人的重要手段向纵深推进。

二是基于教育公平和对民生问题的关切。教育公平是社会公平的重要组成部分,也是全面建成小康社会的题中应有之义。教育公平不仅是国家发展教育事业和实施人才强国战略首先要解决的问题,也是以人民为中心的现实体现。我们虽然已经实现了九年义务教育的普及,也在高等教育阶段通过各种政策实现了"不让一个学生因家庭经济困难而失学",但在家庭经济困难大学生的个人发展方面起到的作用还比较有限。教育公平不仅应体现在均等的入学机会上,还应体现在均等的发展机会上。这需要资助育人进行内涵式发展,不仅要保障资助,还要纵深推进育人,以促进学生发展,实现深层次的教育公平。

三是对资助育人实践现状的客观审视。高校资助育人工作一直备受党和国家重视,我国高校资助工作已构建了一套具有中国特色的多元立体资助体系,为我国的经济发展和社会主义建设提供了有力的支持。更重要的是,要深刻领会习近平总书记"精准扶贫"的思想,进一步深化精准资助和资助育人工作,就必须对资助育人的运行机理和现实情况做更深入的考察研究。资助育人的科学运行和创新发展必然离不开对资助育人的研究,如此才能以资助育人的研究成果,不断提升资助育人的实效。

四是新时代高校资助育人的发展要求。首先,资助育人作为新时代高校思想政治工作的重要一环,具有研究的必要性。资助育人被正式提出的时间不长，在实践中还处于不断发展的阶段，还需要进一步完善以满足新时代对资助育人的要求。目前，其研究成果不足且研究水平和视野上还有进一步探讨的空间，尤其是对学理层面的研究尚显匮乏。其次，新时代资助育人面临的新境遇和新问题，具有研究的价值。资助育人工作在开展过程中，面临着方方面面的问题，这些问题不仅是工作实施中的困境，也涉及宏观政策和顶层设计的优化。尤其是资助育人因为资助的类别不同，其育人对象也各具特征，需要进行更加细化、深入的研究。

（二）研究意义

1. 理论意义

一是有利于高校资助育人科学化发展。全面深入地对高校资助育人进行学理阐释，总结并归纳在新的历史条件下高校资助育人的理论内涵和运行规律，是应对新时代的挑战、建设发展基础理论、实现新时代创新发展的重要途径。当前对高校资助育人系统的理论研究略显薄弱，无法适应当前资助育人实践的需求，在一定程度上造成理论回应现实的乏力，严重降低了资助育人的实效。对资助育人问题进行学理层面深入的剖析和阐释，有利于推动新时代高校资助育人向纵深发展。

二是有利于拓展高校资助育人研究视角。在当前高校资助育人的研究中，学界更多是从社会、制度、政府和学校管理层面研究资助育人，而忽略了作为资助育人主体的"人"的需要。从研究的问题上，更多地关注"育什么""如何育"，相对忽视"为何育""何以育"，缺乏对"资助何以育人"的学理解释。对这些问题的理论阐释有利于丰富和拓展资助育人的研究视角，不断丰富资助育人的理论体系。

2. 实践意义

新时代高校资助育人研究在实践层面具有重要的意义和时代价值。对高校资助育人的理论研究，有助于推动高校资助育人的科学化，提高资助育人实效。高校资助育人的教育主体和教育客体都是人，怎样用科学的视角分析和看待作为资助育人主客体的人，并客观分析他们的思想和行为，都是做好资助育人工作的关键基础。而理论研究最终需要服务于实践发展，高校资助育人的研究既属于一项理论研究，也与高校的思想政治教育实践紧密相关。

在高校资助育人的研究过程中，需要对资助育人的作用机理、实施条件和影响因素进行细致深入的分析。社会经济越发展，育人的工作越是不可或缺的。资助育人只有在正确的理论指导下，与时代发展和国家建设需要紧密结合，不断创新方式方法，才能发挥自身应有的育人功能。

二、研究现状述评

资助育人理念提出的时间虽短，但对高校资助工作、学生资助政策的研究由来已久。事实上，自高等教育诞生之初，资助政策就已出现，并伴随高等教育事业的发展不断革新，相关研究成果也十分丰硕。同时，资助育人本身是一个复杂的系统工程，具有多学科属性，引得不同学科的学者关注和研究，在不同学科视角下蕴生出丰富的研究成果，这些成果为后续研究提供了丰厚的学理资源。尽管如此，随着时代飞速发展，新时代资助育人又面临着新挑战、新情况和新问题，还有很多领域尚存较大研究空间，需要学界对资助育人的相关问题继续深入研究。

（一）国内研究综述

我国学者对高校资助育人的研究可以追溯到 20 世纪 90 年代，当时研究成果较少，未形成体系化的研究成果和理论。进入 21 世纪后，关于资助育人的研究开始受到学者的广泛关注，尤其是 2004 年 8 月中央提出"坚持解决思想问题与解决实际问题相结合"以来，对高校资助育人的研究越来越深入，形成了一些理论成果。根据现有期刊论文、学位论文和著作等文献资料梳理，国内研究主要从以下四个方面展开。

其一，是对资助育人的内涵阐释。国内现有研究中对资助育人的内涵主要有两种。第一种是基于工具理性视角分析，资助的第一目标是追求效率收益的最大化，关注在实操层面的"如何做"，而目标是否科学合理则不是最重要的考量标准。将资助作为资助育人的根本宗旨，实质上是达到既定目标的实施方法和路径，育人只是实现资助目标过程中的附加功能。第二种是从价值理性的角度研究，认为资助育人是将属于经济行为的资助行为赋予德育功能。挖掘出资助的深层目的和内在价值，即不注重达成目标的方式，只关注主体在情感价值层面的主观需求，强调主体的价值诉求而非实现方式是否合理正当。这种观点关注的是应然层面，认为资助育人最终需要实现的是育人的作用，强调必须重视家庭经济困难学生自身的价值需求，资助只是手段，育人才是本质目的。总体来说，大部分学者认识到"如何资助与育人是摆在高校学生资助工作者面前的一个重要的问题"。如黄军利和李德福以中国矿业大学为例，对资助育人的理念和具体工作关系进行了阐释。① 也有部分学者对近年来出现的假冒贫困生、助学贷款不能按期还款、对资助缺乏感恩意识等资助育人实践过程中的现实问题进行剖析。

其二，是关于资助育人相关政策的研究。国内学者对高校的资助政策开展了大量研究，研究的热点主要有两个方面：一是回顾和梳理我国高校学生资助政策发展史。中华人民共和国成立以来，经过了数十年的探索和尝试，逐渐形成较为完善的高校学生资助政策体系。学者对我国资助政策的发展阶段划分有不同的观点。首先是"两段论"，如张选民提出"1983 年以前的人民助学金阶段和 1983 年以后的人民奖学金阶段"的"两段论"；② 其次是"三段论"，如赵中建③、余秀兰④、徐登伟⑤等认为我国学生资助政策体系发展史可分为人民助学金初期（1949—1956 年）、人们助学金制度发展期（1957—1983 年）和奖贷学金并存期（1983 年以后）。最后是四段论，如杨瑞克⑥、范先佐⑦将其划分为"免费和人民助学金时期、多元资助政策探索期、国家助学贷款全面发展时期、大学生基本成就时期"四个部分。二是关注学生资助实施过程中的问题。主要有资助过程中的公平问题、权利冲突问题、

---

① 黄军利，李德福. 对高校资助育人工作的思考与实践：以中国矿业大学资助工作为例 [J]. 学校党建与思想教育，2013（20）：70-72.

② 张选民. 理想与抉择：大学生资助政策的国际比较 [M]. 北京：人民教育出版社，1998：366.

③ 赵中建. 试论我国高校学生资助制度的改革 [J]. 电力高等教育，1994（4）：18.

④ 余秀兰. 60 年的探索：建国以来我国大学生资助政策探析 [J]. 北京大学教育评论，2010（1）：151-192.

⑤ 徐登伟. 高校大学生资助制度的回顾、发展及思考 [J]. 中国成人教育，2016（10）：54-56.

⑥ 杨瑞克. 战后美国联邦政府大学生资助政策研究 [M]. 北京：北京师范大学出版社，2008：275-280.

⑦ 范先佐. 我国学生资助制度的回顾与反思 [J]. 华中师范大学学报（人文社会科学版），2010（6）：123-132.

隐私问题、伦理问题等，如吴跃东从马克思主义和教育学的视角，对高校学生资助体系中的教育公平问题进行分析和研究①；徐丽红从社会学视角探究我国高校学生资助政策中的公民权利与义务问题②；刘佳从复杂性视角分析高校资助政策的运行，剖析施政者和政策执行者间的相互关系及作用机制，并给出系统性的政策优化建议③。

其三，是关于资助育人的实践研究。这部分研究主要有两个方面：一是对资助育人过程中的"困难生识别"问题研究。杨晓慧提出了资助工作统筹发展的理念，即资助资金应由政府、社会和高校三方共同筹措，由学校助学服务中心、院系辅导员、学生联络员组成资助工作人员共同开展资助育人工作。④ 蔡红建等提出运用数学模型建立家庭经济困难学生等级评测系统，建立学生的家庭收入多指标对比数据库，通过生源地地区人均收入、高校所在地消费水平、学生日常消费等指标的对比，确认和识别经济困难学生。⑤ 田志磊等提出可以采取非收入变量来估测学生家庭经济收入水平的方式。⑥ 周丽华等提出完善高校学生资助方式可以从家访入手，设立生源地与高校联动的认定机制。⑦ 二是对高校资助育人工作模式的研究。薛深提出，随着我国高校学生资助制度的不断推进，需要建立以家庭经济困难学生未来发展为导向的立体化资助育人模式。⑧ 蒋建微提出了"5S"发展性育人的工作模式，以培育学生高尚品格为价值目标，根据学生的专业、培养层次、性格、年级等特征，

---

① 吴跃东. 高校学生资助政策体系的教育公平问题研究［M］. 上海：上海三联书店，2016：34.
② 徐丽红. 社会权利视域下的中国现行高校帮困资助政策研究［D］. 上海：华东师范大学，2014：21.
③ 刘佳. 复杂性视阈中的高校资助政策运行分析［D］. 南京：南京师范大学，2015.
④ 杨晓慧. 高校贫困生"双线资助"模式研究［J］. 中国高等教育，2007（19）：44-46.
⑤ 蔡红建，薛单，王兵国. 对高校家庭经济困难学生认定问题的探索［J］. 中国青年研究，2009（12）：100-103.
⑥ 田志磊，袁连生. 采用非收入变量认定高校家庭经济困难学生的实证研究［J］. 北京大学教育评论，2010（12）：145-157.
⑦ 周丽华，韩燕燕. 地方民族院校家庭经济困难学生实地走访认定机制的研究：以广西民族大学为例［J］. 民族高等教育研究，2015（5）：63-67.
⑧ 薛深. 论高校贫困生资助的立体化模式构建［J］. 学术论坛，2013（11）：203-207.

对资助育人资源进行聚类，探索学生全面发展的资助模式。①

其四，是不同学科视角的资助育人研究。资助育人是一个复杂系统，吸引了很多相关学科的学者研究和探讨，比较有代表性的如下。

从经济学视角来看，研究者主要关注资金的使用效率，即资助的绩效问题，研究重心更侧重于"资助"而非"育人"，主要内容包括政策设计、资助体系建设、资助资金管理、资助经费来源等。显然，随着我国高校学生资助政策体系日趋成熟，资助经费不断增长，合理规划和使用资助经费、合理设计资助政策以提升资助绩效是非常必要的。对于资助绩效的评价，不仅包括资助管理机构、工作人员、资助政策、资助信息平台等基本要素，还包括政策实施、政策宣传工作、育人成效等问题。有研究者指出，只有同时提升资助绩效与育人成效，才能实现资助经费效益的最大化，这也是资助工作从外延式发展向内涵式发展的必由之路。但资助何以影响育人，如何在提升资助效益的同时提升育人实效，如何考察育人的成效？这些课题仍需要学者进一步挖掘探索。

从心理学视角来看，现有研究成果多将"需要层次理论"与"积极心理学"相关理论运用到资助育人研究中。部分学者运用马斯洛的需要层次理论对家庭经济困难学生的需求进行分析，论述育人在资助工作中的重要性，即家庭经济困难学生不仅有基本物质需求，也有被尊重、自我发展的需求，而家庭经济困难学生往往因为自卑，存在一定的心理健康隐患。高校资助育人工作不能仅仅局限于通过物质资助满足学生的物质需求，还应通过丰富校园文化、开展心理辅导、组织集体活动等方式，给予学生精神上的满足。还有学者积极关注家庭经济困难学生因经济困难导致的人际关系障碍、情感缺失、心理疾病等方面的现实问题，认为这些问题是消极心理学价值取向，需要从积极心理学的视角进行矫正。

从法学视角来看，研究多集中在被资助者隐私权和其他权利的冲突，以及资助过程中贫困学生隐私权和出资者知情权的冲突问题上。比如，出资者

---

① 蒋建微，彭红雷，纪欣农. 高校发展性资助"5S"模式构建研究［J］. 教育评论，2015（4）：29.

忽略了受资助者的隐私权，在资助行为宣传的过程中泄露了受助者的个人信息。又如，家庭经济困难学生隐私权与学校的管理职权、社会公共权利、新闻传播权利等的冲突。① 凌峰提出在资助过程中涉及被资助权、知情权、隐私权等主要权利，与此对应的义务应包括提供真实有效信息的义务、合理使用资助金的义务、遵守资助协议中相关规定义务等。② 总之，除了法学视角下资助制度和程序的合理外，对资助过程的思想教育和法治教育也是非常必要的，这对于培育学生的契约精神、责任意识、诚实守信品德、自我保护意识，树立现代公民价值观念等都是非常必要的。

从马克思主义理论视角来看，已有许多学者关注到资助育人中"人"的重要性，开始从人学理论或人学范式研究高校资助育人。主要的视角有三个：一是从人的需求视角审视资助育人，将满足学生个体的多层次需求作为高校资助育人的核心目标。韩红柳等对高校贫困生的需求进行分析，发现高校贫困生有多个层次的需求。因此，高校资助工作除了解决贫困生经济需求外，还应看到贫困生更深层次的需求并采取有效措施，增强资助育人工作的有效性。③ 二是从人的主体性视角创新资助育人模式。赵巧认为，目前各高校已普遍形成并采取从学校到学生的多层级传递资助育人模式，这种模式不利于"困难学生个体的主体性发挥"，要建立"直接面向学生个体的资助机制"，从资助的对象出发，改变困难生"等、靠、要"的依赖思想，提高学生主体性的发挥，激发困难生的自身潜力和发展能力，有力促进家庭经济困难学生的可持续发展。④ 三是从发展论的视角研究资助育人。如姚颖等提出应该从人的需要、人的能力和人的个性的全面发展等方面提高资助育人效果。⑤

---

① 师旭. 高校资助工作中知情权与贫困学生隐私权的冲突探析 [J]. 法制与社会，2015 (10)：197-198.

② 凌峰. 基于权利与义务对等的高校学生资助模式刍议 [J]. 高教发展与评估，2010，26 (5)：48-53，123.

③ 韩红柳，王飞通. 马斯洛需求层次理论视域下高校资助育人工作研究 [J]. 中国成人教育，2015 (22)：81-83.

④ 赵巧. 直接面向学生个体的资助育人工作机制研究 [J]. 思想政治教育研究，2017 (12)：108-112.

⑤ 姚颖，李艳，陆华山. 人的全面发展视域下高校资助育人途径探析 [J]. 江苏第二师范学院学报，2020，36 (3)：118-122.

（二）国外研究进展

国外学界在关于学生资助的问题方面也有诸多研究成果，其中最有代表性的国家有日本、美国、英国等，它们的资助政策体系代表了国际上比较典型的三种资助模式。国外关于学生资助问题的研究主要从以下三类展开。

第一类是学生资助相关理论的研究。美国学者罗尔斯在《正义论》中提出了社会制度的正义原则："使所有社会成员在政治、思想等方面都享有平等的自由，使他们面临的机会都是公正平等的（不是形式上的平等，而是选择机会和发展机会的均等）。"① 他的研究主要侧重于资助制度的公平性。而另一位著名学者亚当·斯密在其代表作中对资助理论的研究更侧重于资助资金的来源，如在税收方面按贫富阶级划分不同的比例，提升公民的社会责任感。② 美国学者舒尔茨认为，教育具有提升社会生产效率和人力资本储备的功能，应从投资的角度认识和看待学生资助。③

第二类是关于资助政策体系的研究。凯尔琛（2015 年）选取美国九所高校进行资助需求调查研究，研究发现学生对经济资助的需求主要取决于家庭对社会贡献率的大小，而资助资金的有限额度往往不能满足低贡献率家庭的学生需要。因此，需要进行资助标准的改革，更科学地设置资助额度。④ 麦克伦登（2016 年）通过调研 1990 年到 2010 年 20 年间美国的学生资助政策，将美国政府的高等教育资助政策划分为面向家庭低收入、中等收入和高收入阶层的三种政策类型。在此基础上，对比分析三种政策的实施效果，认为对高收入和中等收入阶层的资助会显著提升社会财富的增长率。⑤ 伍德霍尔在

---

① 罗尔斯. 正义论 [M]. 何怀宏，等，译. 北京：中国社会科学出版社，1988.

② 亚当·斯密著. 郭大力，王亚南，等，译. 国民财富的性质和原因的研究 [M]. 北京：商务印书馆，2008.

③ 舒尔茨. 人力资本投资 [M]. 北京：北京经济学院出版社，1990.

④ Kelchen R. Financial Need and Aid Volatility among Students with Zero Expected Family Contribution [J]. Journal of Student Financial Aid, 2014, 44：23.

⑤ Mclendon M K, Tandberg D A, Hillman N W. Financing College Opportunity：Factors Influencing State Spending on Student Financial Aid and Campus Appropriations, 1990 through 2010 [J]. The ANNALS of the American Academy of Political and Social Science, 2014. DOI：10. 1177/0002716214540849.

《高等教育中的贷学金》① 《高等教育财政资助制度——助学金、贷款和毕业税》② 等著作中，对美国、德国、法国等十余个国家的资助制度进行调研，分析了国际社会中普遍存在的高校学生资助问题，审视了发达国家和发展中国家的资助政策差异，提出应构建包括还贷管理机制、贷款回收机制和放贷目标机制在内的学生贷款管理体系。美国财政学专家约翰·斯通从"成本分担"的视角评价了五个国家的大学生资助政策。③

第三类是学生资助实践研究。学生资助是一个现实问题，国外许多学者也对相关实践展开研究。约翰·斯通系统地论证了资助制度的实践路径，从实践角度为高校学生资助制度的实施提出建议。④ 此外，英国学者克里夫·贝尔菲尔德、玛丽·亨克尔和布瑞达里特，美国学者萨谬尔森和诺德豪斯等也从经济学角度审视学生资助实践中的现实问题。国外学界已经意识到学生资助不应仅仅局限在对学生进行物质帮助的层面，普遍提出资助应成为高校提升生源质量、提高教育水平的重要手段。此外，还有许多学者对学生贷款问题进行研究，如学生贷款与教育机会平问题、公共政策问题、拖欠贷款还款问题等。

三、研究目标、内容和关键问题

(一) 研究目标

研究运用马克思主义理论框架分析我国高校资助育人这一实践问题，探究高校资助育人的作用机理和运行机制。具体来说，本书旨在用马克思主义理论对高校资助育人进行系统分析，试图回答"资助何以育人""资助如何育人"的问题，推进对高校资助育人工作的理性认识，分析现行的资助育人运

---

① Woodhall M . Financial support for students: grants, loans or graduate tax ? [J]. Kogan Page in association with the Institute of Education, University of London, 1989.

② Woodhall M. Student loans as a means of financing higher education: lessons from international experience [M]. World Bank, 1983.

③ DB. 约翰斯通. 沈红. 李红桃等译. 高等教育财政: 问题与出路 [M]. 北京: 人民教育出版社, 2004.

④ 约翰·斯通. 高等教育财政: 问题与出路 [M]. 沈红, 李红桃, 等, 译. 北京: 人民教育出版社, 2004.

行机制存在的问题及原因，并提出优化建议。

（二）研究内容

研究依据"历史演进—理论解析—实践现状—对策建议"的逻辑路径来推进。首先，对新中国成立以来高校资助育人的历史进行回顾梳理，并总结政策实施过程中的经验。研究的主体内容集中在探讨资助育人的作用机理、实践现状，并分析问题存在的原因。其次，在现状和原因分析的基础上，结合新时代高等教育高质量发展的要求，优化和完善高校资助育人的实施过程和保障体系。

对我国高校学生资助政策体系和实践历程的回顾和梳理，主要集中于资助政策演变的历史背景、理念转变和内容变化等方面。为了便于分析，本书将我国高校资助体系分为三个阶段进行探讨。三个阶段并非割裂无序而是一脉相承的，随着国家高等教育政策的演进，资助育人的理念经历了孕育、生成和发展的过程，资助育人的政策在资助范围、标准和制度等方面也有相应的变化。梳理政策和实践的历史沿革，总结新中国成立 70 余年来高校资助育人取得的成效和经验，可以为研究新时代资助育人提供完整的历史图景和顶层视角。

高校资助育人的作用机理是我国优化资助政策、更好发挥资助政策育人功能的底层逻辑。在明晰内在关系的基础上，从人的存在、人的本质、人的价值和人的发展等方面探究"资助何以育人"以及"资助如何作用于人"的问题。满足现实的人的本能需要是高校资助育人的逻辑起点，资助育人满足了人的存在的物质和精神需要。人的本质的社会性、可塑性和实践性使高校资助育人成为可能，为资助育人提供了实现条件。当前高校资助育人的价值观建设要关注人的社会价值、个体价值的实现，也需要进行价值观教育以实现两种价值的契合和统一。人的自由全面发展是高校资助育人的目标指向，也是资助育人的人学诉求。

客观全面分析当代高校资助育人的运行状况，查找现存的实际问题和背后原因，是构建更加科学合理的高校资助育人政策的现实基础和必要条件。本书从资助育人"资助政策"的实施情况和"育人功能"的发挥现状两个观测点进行分析，揭示高校资助育人面临的主体、对象、过程和结果评价方面的困境，并探究问题背后的原因。

基于以上分析，根据高校资助育人的作用机理和现实情况，从资助育人的目标、原则、内容、路径等四个方面论证优化高校资助育人的实施过程。为保障高校资助政策顺畅运行，充分有效发挥资助政策的育人作用，研究提出了完善高校资助育人保障体系的对策建议，从制度保障、队伍建设、资源保障和环境营造等四个方面，完善资助育人外部运行保障制度。

（三）解决的关键问题

第一，以马克思主义理论为研究视角，在把握新时代高校资助育人的基本内涵和时代特征的基础上，对高校资助育人做出理论阐释。从人的存在、本质、价值和发展出发，解释高校资助育人的可能性与现实性，研究"资助—教育—人"三者间相互关系的问题，分析高校资助育人的作用机理，阐释高校"资助何以育人""资助如何育人"的问题，探寻高校资助育人的人学理论建构。

第二，在厘清高校资助育人运行机理的基础上，结合历史经验与现实状况，将理论与实践相结合，探究新时代高校资助育人存在的问题和成因，并提出相应对策，对新时代高校资助育人运行系统进行构建和优化。

四、研究方法及创新之处

（一）研究方法

第一，文献分析法。历史文献有其发展演变的过程，通过比对、分析，可透析思想的演变过程。因此，必须对马克思和恩格斯的相关著作进行研究，以探求马克思主义相关理论的内涵，把握马克思主义理论的思想精髓。

第二，文本分析法。对大样本量、半结构化政策文本进行分析，并据此作出关于事实的判断和推论。从政策构成、施策逻辑、执行效率等方面对新中国成立以来我国高校资助政策进行分析，有助于梳理资助政策的目标与演化脉络，提取高校资助育人的历史经验。

第三，理论研究法。资助育人是保障社会公平、民生建设、教育发展的重要举措，这个现实问题具有深厚的理论渊源，本书从马克思主义理论研究视角开展对高校资助育人的研究，并以此为理论框架贯穿全文。

第四，理论与实践相结合的方法。对马克思主义理论与高校资助育人的内在关联和作用机制进行全面而深入的探索。结合高校的具体实践，提出高校资助育人优化与创新的路径方法。

（二）研究特色与创新

第一，在研究视角上，现有研究多从教育学、心理学、政策学、社会学视角对资助育人进行研究。本书从马克思主义人学的理论视角分析和研究资助育人，在新的层面检视思考资助育人存在的问题，拓展资助育人的研究视野，丰富资助育人的研究视角，探寻资助育人的内在规律。

第二，在研究内容上，注重对资助育人作用机制的分析。全面探讨资助育人的起点、可能性、重点和价值旨归，阐释"资助何以育人"的关键问题。

第三，在研究目标上，注重价值与实践导向，应用马克思主义人学思想的立场、观点和方法，探讨当下高校资助育人的优化与创新，为新时代高校资助育人提供可实施、可持续的路径方法，具有一定的特色。

第一章

新中国成立以来高校资助育人工作的历史回顾

新中国成立以来，党和政府始终将解决家庭经济困难大学生上学难的问题列为重点工作，不断加大对家庭经济困难学生的资金投入，有力地保障了家庭经济困难学生顺利入学并完成学业。随着高等教育收费制度和就学形势的发展变化，高校学生资助政策也先后经历了供给制、助学金制、奖学金制、奖贷并存制、奖贷助补免的多元资助体系和新资助政策体系等演变过程。经过多年努力和实践，我国探索出一条符合国情、独具特色的学生资助发展之路，逐步形成了以国家宏观调控为主，高校与社会为辅，以"奖、助、贷、勤、补、减、免"等为核心的高校资助政策体系。将资助育人工作置于新中国成立 70 多年来复杂多变的时代图景中进行理解和透析，总结资助育人工作实践中探索出的宝贵经验，才能更好地把握新时代资助育人的发展方向。

第一节 新中国成立初期的高校资助政策

新中国成立初期，面对人民群众生活水平和经济条件较差的基本情况，为保障人民受教育的权利和国家建设对人才的需要，我国开始探索实行与社会主义基本国情相适应的学生资助政策。总体上看，从新中国成立到改革开放前夕，我国学生资助经历了供给制、人民助学金、学杂费减免等模式。

一、学生供给制向人民助学金过渡时期

1949—1955 年，我国家庭经济困难学生资助政策经历了由供给制向人民

助学金制度转变的时期。供给制指的是我国实行的一种以军政干部学校学生、干部子弟学校学生、少数民族学生和烈士子女学生为资助对象的学生资助政策，在学期间对他们免收学费、住宿费和伙食费，并提供一定数额的基本生活补助。之后，原政务院陆续颁布了《关于调整全国高等学校及中等学校学生人民助学金的通知》《关于取消中小学、幼儿园学生供给制待遇的通知》等文件，取消了少数民族学生、烈士子女、干部子女等学生类别的供给制，改为以发放助学金的方式进行资助。在此期间，军政干校也进行了调整，其中，一批转成了正式军校，这部分学校的学生继续实行供给制度；另一批组成或合并于各种普通大学，废除了供给制度，改为人民助学金制度。至此，除了部分军校的学生以外，供给制几乎全部取消，取而代之的是人民助学金制度。

二、人民助学金制度建立初期

1949 年初，我国高等教育在校生规模有限，只有研究生 629 人、本科生 93917 人、专科生 22587 人。[①] 1949 年 5 月，中共北平文化接管委员会为减轻北平贫困学生求学的经济压力，颁布了《学生人民助学金暂行条例》。这是我党在新中国成立前颁布的第一部人民助学金政策规定。

1950 年 6 月，首次全国高等教育会议确立了新中国的高等教育方针，并明确指出要"开始吸收工农干部和工农青年进高等学校，培养工农出身的新型知识分子"[②]。为支持和帮助更多的工农干部和工农青年接受高等教育，缓解人才短缺问题，我国在《学生人民助学金暂行条例》的基础上研究制定面向人民大众的、覆盖范围更广的助学政策。1952 年 7 月，全国的工农初等学校、中等学校及高等学校开始实行人民助学金制度，以适度原则，按新的执行标准解决学生基本生活和其他物质困难。在具体发放时，要求各地按普遍同等原则，根据学生具体经济情况，将伙食费和生活津贴分若干等级发放给每一个需要的学生。在助学金评定时，除严格遵守普遍同等原则外，还强调

① 《中国教育年鉴》编辑部. 中国教育年鉴：1949—1981 [M]. 北京：中国大百科全书出版社，1984：705.
② 刘颖. 除旧布新：新中国成立初期中共对高等教育的接管与改造 [M]. 北京：人民出版社，2010：194.

尽可能照顾革命烈士亲属、革命军人、产业工人、工农干部、少数民族学生以及归国华侨子女的实际情况和困难。在助学标准方面，要求各大行政区或省市内的同级同类学校在面对同样情况的学生时必须按照同样的生活待遇，执行同样的人民助学金标准，不能有所区别和特殊对待。该通知将供给制改为人民助学金制，实施范围也从北京推向全国，惠及全国高等学校及中等学校学生。从此，我国进入了以"均等普惠性"为主的国家助学时期。教育部随后要求全国工农初等、中等及高等学校统一按照新规定实行全新标准的人民助学金制度。具体的执行标准为：所有高等学校在校生每人每月可领取相当于新币制 12 元的人民助学金，高等师范学校的所有本科生可领取相当于新币制 14 元的人民助学金。

原政务院和教育部文件的颁布，在全国范围内统一了高等学校在校生的人民助学金标准，标志着中华人民共和国正式确立了人民助学金制度，也标志着我国高等学校学生资助事业的全面启动。

三、人民助学金制度发展时期

随着供给制的全面取消和人民助学金制度的全面建立，人民助学金制度进入完善发展阶段，这一阶段对人民助学金的资助对象进行了调整，资助范围渐渐由普惠制向专门为经济困难学生转变。

自 1955 年起，国家开始实行标准分级、部分覆盖的助学方式，决定在全国除师范院校的高等学校实行新的人民助学金办法，发放原则从实行"全覆盖、标准统一"改为"根据学生的家庭经济条件确定"，发放对象从"全体发给"改为"部分发给"，发放标准也从"统一分类发放"改为"根据情况确定发放金额"。对于家庭条件较为富裕、可以自给的学生，不再发放助学金。对体育、航海专业的学生，在批准补助等级的基础上，按一般学生伙食费标准，每人每月另加 40% 的补助。[①] 1960 年 1 月，教育部规定，对连续工龄或农业劳动超过三年的工人、干部及农民学生发放专门助学金。该政策规

---

① 中央教育科学研究所. 中华人民共和国教育大事记：1949—1982 [M]. 北京：教育科学出版社，1984：139.

定，此助学金的具体发放标准，应根据身份不同而有所区别，但整体来看，都高于一般学生的标准。值得注意的是，在以上几份重要政策文件中，对于补助的标准，可在国家规定的原则范围内，由各省、自治区、直辖市或学校根据本地区或本校的实际情况做具体规定，这也体现了地方政府或学校的权力在逐步扩大。

1966 年 5 月到 1977 年，我国的高校学生资助工作整体延续了之前 17 年逐步改革发展起来的学生资助政策，人民助学金仍然是学生资助的主要形式。这个时期，我国的教育事业受到严重冲击，受教育主管部门撤销和各级各类教育停招的影响，学生资助工作与前期相比也体现出一些不同特点，具有鲜明的时代特征。国家调整了人民助学金发放办法，全面资助工农兵学员的学费和生活费。来自工厂的学生，学习期间每人每月由学校发给伙食费和津贴费。① 工龄满五年、被录取为研究生的人员，在校学习期间只领取原单位工资，所有学习费用由自己承担。人民助学金不再全覆盖发放后，评定发放办法和违规处理规定应运而生。除享受面为 100% 的相关专业外，人民助学金采取"自报公议、民主评定"的办法进行评定和发放。1979 年 8 月，教育部进一步做出调整，规定连续工龄满五年的国家职工考入大学后，停发工资，但可以领取专门的职工助学金。

经过数十年的发展，人民助学金制度在促进我国高等教育发展和人才培养方面发挥了积极作用，大大增加了工农子女及贫困家庭子女接受高等教育的比例，极大地推动了高等教育的机会均等，基本实现了济困助学的重要价值，为其后的高校学生资助工作发展奠定了坚实的基础。

第二节　改革开放后的高校资助政策

改革开放后，高等教育事业得到恢复与发展，教育体制改革全面铺开。高校资助政策也从计划经济体制时期以政府为主体的"国家包办"逐渐向多

---

① 各地标准略有差异，如北京、上海每人每月 19.5 元，武汉每人每月 17.5 元。

元主体共同参与转变。

一、人民助学金制度向奖贷结合过渡

改革开放初期，尽管人民助学金制度仍然发挥着重要作用，但这种均等普惠性资助制度的弊端逐步显现，不仅使国家财政负担日益加重，也滋生了部分学生"等、靠、要"的消极思想。为了减轻国家的财政负担，鼓励学生追求进步，引导学生学有所成、投入国家建设，高校学生资助逐渐从以人民助学金为主，过渡为奖学金和助学金共存，再到奖学金和贷学金并行，逐步形成以政府资助为主体、社会资助为补充的政策格局。

（一）以人民助学金为主时期（1977—1982 年）

改革开放初期，总体上，高校免除学生学杂费和住宿费，并定期发放人民助学金。具体到不同类别和地区，覆盖范围和资助金额有所不同。

1977 年 12 月，教育部和财政部联合印发文件，将人民助学金资助对象划分为两档两类。研究生、高等师范生、体育生和民族类院校学生全员享受100%比例的人民助学金。其他类型的高校学生享受 75%的比例的人民助学金。对在职职工入学的情况另有规定，即国家职工考取研究生以及工龄满五年职工考取大学的，入学后可全额领取原单位工资，但所有生活费用由自己承担，不再享受人民助学金。考虑到国家职工的特殊情况，文件规定，考取研究生的国家职工的原工资若低于人民助学金标准，可持单位证明领取助学金差额。1979 年 8 月，教育部联合三部委颁发文件，开始在全国范围逐步实行职工助学金政策。对于一般类型的学生，按照原来的标准实行人民助学金政策。该规定相比之前有较大变化，主要体现在将考入高校的、连续工龄满五年的国家职工视作普通学生，一概执行职工助学金制度，而原单位的工资待遇一律取消。对于考取研究生的国家职工，待遇也开始发生变化。1982 年的规定将他们统一纳入人民助学金的资助范围，同时取消其原单位的所有工资待遇。

（二）人民助学金和奖贷学金结合时期（1983—1986 年）

这一时期的助学制度以人民助学金为主体，人民奖学金和贷款制度为补

充。1983 年 7 月，教育部第一次将学生资助经费按照不同情况分成两类。对于因家庭经济困难无法顺利完成学业的学生，可以按规定申请人民助学金，而学习优秀者则可以申请人民奖学金。

奖学金目的是努力使普通高等学校学生成为"又红又专的四化建设的专门人才"，奖励对象是在普通高校连续学习一年以上的本专科生。评定标准包括学习成绩、日常表现、文体活动等。奖学金按年评定、分学期发放，对于违反校规校纪或出现道德品质问题的学生停止发放。标准由各地自定，但最高每年不得超过 150 元，发放比例为高等学校本专科学生总人数的 10% ~ 15%。这一时期国家年生均资助经费为 158.4 元，其中 105 元为人民助学金，占比约为 66.3%；15 元为试行的人民奖学金，占比约为 9.5%。[①]

1986 年，国家教委的报告指出，现行学生资助制度存在很多问题，如国家对高校学生补贴过多，造成政府负担过重，同时不利于激发学生的积极性和激励先进，也不利于对学生进行思想品德教育，反而影响学生健康成长等。报告对当时的人民助学金制度提出了改革建议，规定选取一部分条件较好的学校作为试点，将奖学金主要分为优秀学生奖学金、专业奖学金和定向奖学金贷款。奖学金贷款主要指中国工商银行为不能解决在校学习期间全部生活费用的学生提供的低息贷款，对于获得贷款的人数和额度都有限额，只有30% 的本专科学生能够获得贷款，申请成功的学生每年的最高贷款限额为 300元。贷款学生毕业后，其贷款由毕业生的用人单位一次性垫还给贷款发放单位。待毕业生见习期满后，单位可以开始从其工资中按月扣还贷款，直至偿还完毕。

（三）奖学金和学生贷款制度全面替代人民助学金制度（1986—1987 年）

1986 年 7 月，国家教委和财政部经调研决定试点取消人民助学金制度，取而代之的是奖学金和学生贷款制度，并在全国 85 所高校试行。

随后三年时间里，全国高校开始实行奖学金和学生贷款制度，而人民助学金制度开始逐渐停止实行。1987 年 7 月，人民助学金制度被彻底取消，由奖学金和学生贷款制度构成的新型助学政策成为学生资助的主体，在全国范

---

① 范先佐. 教育经济学新编［M］北京：人民教育出版社，2015：480.

围内全面推行。《普通高等学校本专科学生实行奖学金制度的办法》规定设立三种奖学金。一是优秀学生奖学金，奖励德智体全面发展的优秀学生，奖励设置为 3 个层级，设置比例依次为本专科学生总人数的 5%、10%、10%，奖励标准依次为 350 元、250 元、150 元。在新生入学的第二个学期（年）开学时，评定并补发上学期（年）奖学金，每学期（年）评定一次，分十个月发放奖金。二是专业奖学金，主要面向师范生、体育生，农林、航海、民族等紧缺行业的学生。三是特定类别奖学金，面向立志服务边疆地区、经济贫困地区和扎根艰苦行业的毕业生。

普通高校学生贷款制度规定，国家为家庭条件确实无法保障正常生活的学生发放无息贷款，具体的申报审核、发放管理、监督催还等工作由学生所在高校资助完成。学生贷款的发放范围应严格控制，不能超过在校生总数的30%。如个别高校根据实际情况确实需要超过该比例时，应按规定向教育和财政主管部门提出申请，经审核批准后可适当增加名额，但仍不得超过在校生总数的 35%。学生贷款的额度标准不得超过每人每年 300 元。对于十分困难的少数优秀学生，可同时申请奖学金和学生贷款，但两项资助总金额仍应控制在每人每年不超过 350 元。偿还方式则较为灵活，学生可根据自身情况选择，可以选择在毕业前分多次或一次性还清，也可以选择就业后由用人单位一次性垫付偿还。在这一时期，奖学金制度和贷款制度打破了原有高校人民助学金的单一助学制度体系，在鼓励学生追求进步、独立自强、促使其全面发展等方面发挥了巨大的激励作用，使我国高校学生资助工作开启了新的篇章。

二、多元混合资助体系的探索发展

随着社会主义市场经济体制逐步确立，社会各界对于教育经济效益的关注度越来越高，教育体制改革快速推进。20 世纪 80 年代以来，我国高等教育学生规模已破百万，是新中国成立初期的十余倍。面对日益庞大的学生规模，党和国家不得不重新思考高等教育中的资助制度。1989 年 8 月，国家教委联合财政部等三部委对我国长期实行的普通高校免收学杂费的政策进行论证后指出，高校学费制度同当前我国经济社会发展与改革很不适应。现行政策造成国家教育财政负担过重，势必影响高等教育的进步发展。为改变此状况，国家规定当年入学的本专科生开始缴纳学杂费。该政策的实施标志着，从1989年开始，我国正式迈入高校教育收费时代。与此同时，国家对高校学生的资助并没有止步，而是随着《中国教育改革和发展纲要》的出台，逐步为高校学生提供举措更多样、主体更多元、受益面更大的资助体系。这一时期的高校资助体系，为在校生提供以学生奖学金和学生贷款制度为主体，特殊困难补助、勤工助学基金为辅助，并且不断探索更多元化资助的支撑。在2007年国家新资助政策体系建立之前，我国高校学生资助都处于以奖优助困为主的奖贷结合时期，混合资助成为这一阶段的主要特征。

（一）奖贷结合为主的多元探索

1989—1997年，我国的高等教育收费制度经历了从逐步确立到全面实行的发展时期。1992年，国家教委要求普通高校根据自身情况逐步实行公费生与自费生并轨招生。1993年，《中国教育改革和发展纲要》首次明确提出，"高等教育是非义务教育，学生上大学原则上均应交费"，并提出了高等教育的普遍收费原则，自此宣告了高等教育免费时代的终结。学生接受高等教育应自主负担教育费用，逐步将"国家包办"改为教育收费。1994年，国家教委在37所高校试行高等教育招生收费政策。到1997年，全国范围内已全面实行高等教育收费制。

在此期间，国家根据实际情况，对奖学金制度和学生贷款制度进行了部分调整。一方面，提高了贷款金额和人数，丰富了学生贷款形式。为适应高等教育体制改革，原国家教育委员会在1993年颁布了《关于修改普通高等学校本专科学生实行贷款制度的办法》。该办法规定，自1993年9月1日起，学生申请贷款，每人每年最高限额不再"一刀切"地限定为300元和350元（少数优秀学生同时申请奖学金和贷款的合计限额），而是以保证学生维持基本生活完成学业为标准，并由各高校根据当地居民基本生活水准或学生生活学习基本需要，自主灵活地确定合适的标准。同时，对于享受贷款的学生覆盖面，也不再严格控制在30%~35%，改为只要在规定的贷款经费总额内，由各学校自行确定可以享受学业贷款的困难学生数。

1995年，国家教委直属院校实行新的学生贷款制度。新制度的主要变化为：确定学生贷款基金的来源更加多元，不仅有各学校自己计提的每人每月10元的经费和国家拨付的专项补助经费以及回收的贷款，还鼓励学校积极开拓筹资渠道，将社会捐赠和校办收入也算入其中。贷款人数由学校根据实际情况自行设定，还款期限延长至6年，同时还规定了对符合一定条件的学生可减免偿还的要求，这对于丰富学生贷款形式、更好地满足学生的求学需要起到了一定的作用。同时，还划拨专项经费，以一次性奖励的方式发给到国家急需的地区就业的毕业生，目的在于鼓励高校学生积极投身国家建设部署。另外，提高奖学金标准，对特殊专业的报考进行引导。为满足特定行业人才培养需要，引导学生报考相关专业，原国家教委和财政部提高了师范、农林、航海、体育等指定专业的学生奖学金标准，提高到每人每年500元。

（二）学生资助政策体系的逐步成型

在奖贷结合制度的基础上，国家还探索多元资助形式，出台了一系列资助政策，丰富资助政策维度，对学生资助制度进行有效补充，初步构建了较为完整的学生资助政策体系。

一是实施困难资助政策。1991年6月，国家教育委员会、财政部发布《关于增发高等师范院校等学生生活补助费的通知》，再次提高师范、农林等指定专业学生的奖学金标准，在原来每人每年500元的标准上再增发136元生活补助费。各高校可以根据实际情况按每人每月不超过两元的标准计提专项经费，专门用于特殊困难学生的生活补助。1993年7月，国家教委和财政部又发布专项工作通知，要求各高校进一步采取措施，保障生活特别困难的在校大学生完成学业。所需经费由各高校按每人每月2元的标准，从奖贷基金或专业奖学金总额度中计提。

二是设立学生勤工助学基金。该笔资金主要用于家庭贫困的学生，通过自己的努力来获得相应的报酬。1994年，国家对勤工助学基金做出明确指示，要求各高校充实勤工助学基金，将该政策的可持续发展性不断提高，使其发展生命力得到保障。五年后，随着勤工助学政策不断发展，国家根据政策发展情况，又发布了《关于进一步加强高校资助经济困难学生工作的通知》。该通知要求勤工助学基金按新的规划标准执行，即学校要将每年收得的学费的一成，拨款给勤工助学基金，并鼓励研究生进行助教工作。

三是颁布研究生学段资助办法。1991年底，国家教委颁布《普通高等学校研究生奖学金制度试行办法》。该办法对研究生在校期间生活费用的补助资金进行改革，开始探索试行对表现优秀的研究生进行奖学金奖励。该办法以工作经历为标准区分发放金额不等的普通奖学金，评定优秀奖学金，发放书籍补助费，设立研究生临时生活困难补助。这些资助政策的出台是对奖学金制度和贷款制度的必要补充，是在双轨制招生制度下，对需要缴费的贫困家庭普通高校学生顺利完成学业的有力支持。

四是建立减免学杂费资助政策。1995年4月，国家教委出台《关于对普通高等学校经济困难学生减免学杂费有关事项的通知》。该通知规定，对于家庭条件特别困难的学生，特别是对于孤儿学生、残障学生、少数民族学生、享受优待抚恤的军人和烈士家庭学生，可以减免在校期间学杂费。

五是建立专门机构和工作队伍。1999年6月，教育部印发《关于进一步加强高校资助经济困难学生工作的通知》，要求各地、各高校高度重视学生资助工作，保证其持久深入开展，并指出国家将根据实际需要，不断改革和完善高校学生资助政策体系。随后，国家对贷款、奖学金、勤工助学等资助政策制度相继作出一系列重要调整，根据实际需要成立了全国学生贷款管理中心。在此基础上，教育部对学生资助工作的机构建设作了进一步强调，对各高校的学生资助工作提出更高要求，切实落实资助机构建制和人员编制，这对国家新资助政策体系的建立和高校学生资助工作的规范管理起到了重要作用。

（三）国家助学贷款制度全面改革

1999年，我国开始实行高校扩招政策，原有的贷款制度已经难以满足数量迅速增长的学生的需要，国家开始探索新型国家助学贷款模式。一是实施由银行提供资金的国家助学贷款制度，并将其性质由担保贷款转变为信用贷款。此次颁布的管理规定和操作规程，选定中国工商银行作为该条例实行的基础银行，并确定在我国多个省会城市进行相关试点，通过所在地城市的国务院部委高校试点开始实施由银行提供资金的国家助学贷款制度，贫困家庭学生可由符合条件的担保人予以担保，申请助学贷款用于学费和基本生活费。1999年12月，《关于助学贷款管理的若干意见》将国家助学贷款由担保贷款改为信用贷款，并规定高校贫困家庭学生都可以凭自身信用申请国家助学贷款，毕业后4年内还清，可享有最长1年的还本宽限期。贷款利息与央行公布的同款贷款利率相同，贷款获得起至还清前均由政府补贴50%的利息。

随着贷款人数的逐年增加，坏账责任不明确、学生贷款金额小等问题，导致银行成本越来越高，放贷积极性不断下降，某些省份甚至停止了助学贷款的审批工作。为此，国家在2002年2月建立了国家助学贷款风险防范与补偿机制，提高银行放贷积极性。2004年，国家相关部门通过不断对原有的文件进行更新，解决在发展过程中出现的问题，并总结经验，逐渐完善文件，使之更符合中国特色化的发展。新出台的文件对国家助学贷款的制度设计有了较大改变。在利息补贴上，修订为"学生在读期间，贷款利息由政府全额补贴，毕业后至还款期结束，利息由学生自付"，在还款期限上，将还款期延长至6年，还本宽限期上限延长至2年。

（四）国家奖学金制度发展为国家助学奖学金制度

为避免高校学生因家境困难影响学业，教育部和财务部经研究决定在高校实行国家奖学金制度，并于2002年4月联合印发《国家奖学金管理办法》。从该办法的设置来看，其目标不仅是保障困难学生顺利完成学业，还是通过奖学金起到激励作用。该办法规定，自当年9月起，国家开始建立国家奖学金制度来帮助品学兼优的贫困学生完成学业，同时将获奖当年的学费也予以免除。国家奖学金共分为两个等级，奖金名额等略有差异。其中，一等奖学金额度达6000元，该奖项名额限制为1万人，获取条件较为苛刻，对学习成绩、综合素质等要求较高。二等奖学金额度为4000元，该名额限制为3.5万人。两种名额共计4.5万人，奖学金总额达到了2亿元。为体现国家对优秀人才和特殊专业人才的需要，该办法还规定，在名额分配过程中，重点院校和特殊专业学校可获得适当政策倾斜。为了体现党和政府对贫困家庭学生的关怀，2004年"国家奖学金"更名为"国家助学奖学金"，资助方式由"重奖"改为"平均资助"，资助对象由家庭经济困难学生调整为家庭经济困难学生中的优秀学生。从资助规模来看，受资助覆盖面得以扩大，资助金额每月配置150元，总投入超过了十亿元。① 次年，教育部又出台了新的《奖学金助

---

① 刘燕. 中国大学奖学金问题研究：学生资助的视角 [D]. 武汉：华中科技大学，2006：16.

学金管理办法》,将原有的国家助学奖学金细化为国家奖学金和国家助学金两种形式。资助对象还是普通高校贫困学生,资助资金由中央财政解决。从细分的资助对象和资助额度来看,该办法的主要目的一是保证贫困学生完成学业,二是激励贫困学生中的优秀学生。国家奖学金额度为每人每年4000元,但名额较少,只有非常优秀的学生可以获评。对于普通贫困学生而言,可根据自身情况申请国家助学金,用于解决在校期间日常学习生活,资助金额为每人每月150元,每年按照10个月核算发放,全国范围内核定资助名额为53.3万名。在申请条件和审核标准方面,国家也作出了相应规定,学生可以在满足条件后按学年向学校提出申请,可连续多年申请。

(五)多样化资助政策持续发展

在国家奖学金制度和贷款制度改革发展的同时,国家也在探索制定对家庭困难或有特殊情况的学生进行相应补助的政策。从整个体系建构来看,主要对勤工助学政策、助学贷款政策、学费减免政策等多层次多类型的政策进行出台和实施改革,建立了多重政策补贴的资助体系。从总体上看,资助体系为有机会接受高等教育、有能力完成大学学业的困难学生,提供了多样化、多层次的保障。在这期间,国家颁发了一系列相关政策文件,让更多家境困难学生享受国家政策。如要求各高校从思想教育、价值引导、岗位设置和经费保障方面做好配套工作;加强学生对困难资助的认识教育,引导经济贫困家庭学生参加勤工助学;各高校积极开拓渠道,尽可能扩大助学岗位的数量,让更多学生获得资助机会。在经费保障方面,更是做出硬指标规定,要求高校每年将学校10%的学费收入计提到勤工助学基金,并应做到专款专用,且经费数额总体上增加了一倍。除此之外,国家还对特殊困难家庭的学生的直接生活补助出台了系列政策措施。2000年8月,《关于实施"西部开发助学工程"的通知》出台,该通知对西部高校学生的学费减免比例做出明确规定,为符合减免条件的学生提供在学在校期间应缴纳学费的50%,为西部地区12个省市划定单独资助名额,专门用于当地的教育部直属和省地市级重点高校学生资助工作。资助对象是此类高校的家庭特困新生,资助标准为每人每年5000元,涵盖大学在校学习的四个学年,对每个学生的资助总金额达到2万元。对于一般困难家庭的学生,国家出台了一系列减免学费的规定,以减轻学生所在家庭的经济负担，帮助学生在学期间避免因家庭困难无法完成学业。通知特别针对当时出现的"下岗潮"问题做出规定，各高校要特别关注生活特别困难的下岗职工子女学生，出台专门的资助政策。对提出学费减免申请的此类学生，只要情况属实，经学校审核确认后，应做好减免资助工作。在入学资助方面，为了保障贫困家庭学生能够顺利入学，2003年7月，教育部以通知形式要求公办高校在新学期开学时把好入口关，为收到录取通知书的贫困家庭学生提供入学特别政策。在入学手续办理中，不能出现因无法缴纳学费不给学生办理入学的现象。同时，还应做好此类学生入学后的资助衔接工作。

三、新资助政策体系的建立和完善

21世纪以来，高等教育大众化发展战略的深入实施使"上大学难"的问题得到了根本缓解。统计资料显示，我国高等教育的毛入学率于1999年首次突破10%，这一数据经过短短六年的时间增加了1倍，一举跃升至2005年的20%。这种发展速度在整个人类高等教育发展历程中都是史无前例的。在得到快速发展和瞩目成就的同时，也带来了高等教育事业的重心转变，概括起来说就是：人民群众对高质量高等教育发展的需求与我国优质高教资源的供给之间的矛盾。[1] 2005年发布的《中国居民生活质量报告》显示，教育支出已经对城乡居民生活造成重要影响，甚至成为导致部分居民生活贫困的首要因素。同时，城乡居民对教育的重视程度较为一致，均认为知识和技能等教育问题是导致家庭生活贫困的关键因素。甚至部分居民认为，贫困的根源在于教育，而教育费用过高使得贫困家庭脱贫成为"死循环"。为解决教育公平问题，教育部、财政部从各自领域陆续出台相关学生资助政策。这标志着国家新资助政策体系的正式建立。自此，我国高校学生资助工作坚持政策体系完善和内涵丰富发展"两手抓"，开启了新时期高校学生资助事业全面发展的新篇章。

（一）高校新资助政策体系的建立和完善

在当今时代背景下，尽管国家对教育的重视程度不断增加，各种助学贷

---

[1] 钟秉林. 人才培养模式改革是高等学校内涵建设的核心 [J]. 高等教育研究, 2013 (11): 72.

款及补助办法为学生提供了极大的生活帮助，但受制于经济社会发展和国家财政水平，资助覆盖面和资助力度与飞速扩张的高校贫困家庭学生规模还存在着很大程度的不匹配。

2006 年 8 月，胡锦涛在中央政治局第三十四次会议集体学习时指出，要将贫困学生学习扶持政策及相应的资助制度继续完善。① 2006 年 12 月，在教育部 2007 年度工作会议上，陈至立在谈到教育公平问题时提出，"教育公平是人发展起点的公平，是社会公平的重要内容"。她强调，国家将采取有效措施尽快为资助贫困学生上学建立有效、有力、完善的政策和制度，以此杜绝学生因家庭条件无法支付上学费用而辍学的现象。② 这一工作思路为建立健全新资助政策体系提供了切实可行的发展道路。

2007 年 5 月，国务院印发了《关于建立健全普通本科高校高等职业学校和中等职业学校家庭经济困难学生资助政策体系的意见》。该意见首次对我国高校学生资助政策制度做出了全面系统的规划设计，对新时期高校学生资助工作的开展具有重要的里程碑意义。该意见强调，要充分认识到建立健全家庭经济困难学生资助政策体系具有构建社会主义和谐社会、推动社会公共服务均等化发展、促进社会公正和教育公平等重大政治意义，并明确提出要有明确的政策导向，在加大财政投入力度的基础上，合理地分配使用经费，并把各项政策落到实处，明确各方责任。在这一前提下建立健全贫困生资助制度和体系相关内容，同时强调要监督规范收费标准的执行，加强领导组织能力，加大政策的宣传力度等。

自 2007 年该意见颁布起，财政部、教育部先后出台了各项配套文件，包括《高等学校学生勤工助学管理办法》《关于在部分地区开展生源地信用助学贷款试点的通知》等，并在这些文件的指导下逐步地将融"奖、助、贷、补、勤、减、免"为一体的高校贫困生资助体系建立起来。尤其是对师范类专业院校，教育部于 2007 年 5 月颁布了《关于教育部直属师范大学师范生免费教育实施办法（试行）的通知》，这表明我国对师范生免费教育制度正式确立。

---

① 中共中央文献研究室. 十六大以来重要文献选编：下 ［M］. 北京：中央文献出版社，2008：619.

② 陈至立. 在教育部 2007 年度工作会议上的讲话 ［J］. 中国职业技术教育，2007（4）：6.

通知发布后，教育部在6所部属师范高校进行了试点，免除这些师范学生在校学习期间的学费、住宿费，并补助其在校学习期间的生活费。

2008年，银监会、财政部联合教育部制定的《高等学校毕业生学费和国家助学贷款代偿暂行办法》正式出台，有力地推进了生源地助学贷款的开展。2009年，教育部、财政部两部委又发布了两个相关办法，其中，《应征入伍服义务兵役高等学校毕业生学费补偿国家助学贷款代偿暂行办法》旨在鼓励高校大学生积极入伍服役，《高等学校毕业生学费和国家助学贷款代偿暂行办法》则鼓励学生在就业时选择到国家边远地区、中西部地区的基层单位去。在这一阶段，高校学生资助政策的主框架全面搭建，在政策规定中和工作实践中都体现出对资助工作育人职能的不断重视，使高校学生资助工作的内涵与功能不断丰富。

（二）高校新资助工作发展日益科学化

2010年以来，高校学生资助工作在政策内容的完善性和工作管理的规范性上逐步提升，促使工作不断向专业化、科学化发展。

一是补偿代偿机制不断完善。2009年3月，教育部、财政部联合发布《高等学校毕业学费和国家助学贷款代偿暂行办法》。该暂行办法对相关政策进行了适当调整，不仅扩大了高等学校毕业生选择基层就业的政策范围，将中西部地区也列入其中，而且具体的偿还办法更加灵活，把原来的贷款代偿改为学费补偿贷款代偿，同时规定到我国边远艰苦地区、中西部地区基层就业的高等学校毕业生能够享受到3年及以上的学费国家代偿政策。同年4月印发的《应征入伍服义务兵役高等学校毕业生学费补偿国家助学贷款代偿暂行办法》明确了：自当年起毕业后入伍服兵役的高等学校毕业生，对其在高校学习期间的学费进行补偿或者贷款代偿。

二是加大对研究生教育阶段的资助力度。教育部针对研究生培养及资助工作做出系列部署，先后颁布包括《关于完善研究生教育投入机制的意见》和《研究生国家助学金管理暂行办法》在内的多个管理办法。其中，对国家奖学金的评审程序和原则等内容做出明确规定，加大了对研究生各项奖助金以及三助岗位的津贴资助力度。

三是国家助学贷款政策的优化健全。2014年，教育部颁布《关于调整完善国家助学贷款相关政策措施的通知》，对国家代偿助学贷款和学费的最高标准进行调整，由此前的本专科生每年最高 6000 元提升到了 8000 元，研究生则提升至 12000 元。次年，四部委又补发了《关于完善国家助学贷款政策的若干意见》，主要是整体上构建了学生贷款还款救助机制，在具体操作层面上一定程度延长了还款期限，同时将贴息范围进行了扩大。学生申请的国家助学贷款优先用于支付在校期间学费和住宿费，超出部分可用于支付日常生活费。这次制度调整大幅提高了国家助学贷款额度，并且明确了部分贷款可以用作生活费，使得贷款使用更人性化、更有温度。

第三节　新时代高校学生资助政策

党的十八大以来，以习近平同志为核心的党中央更加重视家庭经济困难学生上学问题。我国高校学生资助政策发展实现了质的飞跃，从覆盖范围、资助力度到贯彻落实都有明显进步。接受资助的学生不仅数量增加，而且受益学龄和学段都得以扩容，基本实现资助对象"三个全覆盖"①，接受高等教育期间实现"三不愁"②。为消除因贫失学现象建立了制度保障，不仅大大减少了贫困家庭的教育支出，而且为困难家庭子女接受教育健康成长提供了强大支撑。

一、确立立德树人的根本任务

2017 年，党的十九大胜利召开。会议指出，我国的社会主义建设要在习近平新时代中国特色社会主义思想的指导下，围绕实现中华民族伟大复兴和社会主义现代化而努力奋斗。会议提出要坚持素质教育导向，以"立德树人"为核心，尽快完善学生资助制度，促进教育公平，为社会主义建设事业

---

① "三个全覆盖"指的是所有学段（从学前教育到研究生教育）全覆盖、所有学校（包括公办与民办）全覆盖、所有家庭经济困难学生全覆盖。

② "三不愁"即入学前不用愁，助学贷款解烦忧；入学时不用愁，"绿色通道"轻松走；入学后不用愁，各种奖助全都有。

培养出更多优秀的接班人。教育部在《2018年政府工作报告》中进一步明确提出了完善学生资助制度的要求，以及对发放奖学金的机制和相关办法进行完善和适时改革等具体实施意见，对新时代资助育人的发展方向和工作要求给予了具体的指导。此前，中共中央在2016年底的全国高校教师思想政治会议上提出，我国高校必须明确中国特色社会主义高校的使命定位，将全面发展和素质培养作为教育核心来牢牢把握。在开展思想政治教育工作时必须以学生为本，服务关照学生，将思想政治教育贯穿在日常教学的方方面面，确定了进一步开展加强高校思想政治工作的路线图，为新时代资助育人发展指明了方向。

二、着力打造全链条贯通的资助体系

进入21世纪以来，我国开始在实行助学金、奖学金的基础上，逐步扩大资助范围，建立和完善学生资助体系。

经过多年的努力，我国高校学生资助政策体系逐步建立并得到不断完善，不仅体现在资助类别越来越多，还体现在覆盖范围越来越广。从数量上看，2006年全国学生资助政策为12项，于2018年达到了29项，增加了1倍多。从资助效果看，基本实现了资助对象的"三个全覆盖"以及高等教育阶段的"三不愁"。2014—2015年，国家依次颁布了《生源地信用助学贷款风险补偿金实施制度》《关于完善国家助学贷款政策的若干意见》《关于改革国家助学贷款制度的若干建议》，在生源地信用助学贷款的实施时采取结余奖励与亏空分担相结合的风险补偿金制度。制度上调了贷款额度，并取消生活费贷款，延长了贷款期限及还本宽期限，改革了学生在读期间的财政贴息政策，并要求各地各校建立还款救助机制，使得国家助学贷款政策更加全面。经过广泛调研，部分家庭经济困难学生和家长反映经济压力较大，希望提高助学贷款额度。2021年9月，教育部会同四部委发布《关于进一步完善国家助学贷款政策的通知》，从多层面对现行的国家助学贷款实施办法进行了较为深入的完善。此次政策变动从贷款申请额度、贷款用途、风险管控和补偿金管理等方面，作出了更加符合经济社会发展现实和更加符合学生需求的调整：将学生贷款额度进一步提升，本专科学生由每年8000元提升至每年12000元，研究

生则从每年 12000 元提至每年 16000 元；对助学贷款的适用范围也进行了细化规定，要求应优先用于支付学费和住宿费，超出部分可用于日常生活费。① 这体现了在制定政策时力求精准化、精细化、科学化，以及尽力而为、量力而行的原则。

此外，我国学生资助体系还加大了对贫困家庭学生的入学资助力度，《普通高校家庭经济困难新生入学资助项目暂行管理办法》便是将入学资助纳入资助体系的标志。教育部联合四部委于 2017 年 3 月颁布的《关于进一步落实高等教育学生资助政策的通知》，要求将预科生和民办高校学生纳入高校学生资助范围，实现了高校学生资助工作的三个"全覆盖"，即覆盖全体贫困家庭学生、覆盖全学段学生、覆盖民办和公办高校学生，不断完善和健全我国学生资助体系。

三、全面建设精准化资助工作机制

这一阶段，国家在不断完善高校资助政策资助项目的同时，对各类资助项目的实施要求也更加细致科学。如《关于进一步规范普通高校国家奖学金评审与材料填报工作的通知》从国家奖学金的评审标准、表格规范、材料报送等方面进行了统一规定。《关于进一步做好普通高校国家奖学金评审工作的通知》则要求国家奖学金评审应在规范程序、严把标准、完善材料、统一步调等方面严格管理。此类操作性规定的出台，进一步完善了国家奖学金评审工作。

此后，《关于普通高校协助做好生源地信用助学贷款有关工作的通知》《关于被部队退回原入伍服义务兵役高校毕业生其学费补偿贷款代偿资金收回办法的通知》《应征入伍普通高等学校录取新生保留入学资格及退役后入学办法（试行）》等相继出台，要求各高校在生源地信用助学贷款工作的落实中，与县级资助管理机构和经办银行形成合力，并在信息建档、诚信教育、贷款催收等方面对高校国家助学贷款的贷后管理工作加以规范管理。同时，进一

---

① 财政部，教育部，人民银行，等. 关于进一步完善国家助学贷款政策的通知［EB/OL］.
中华人民共和国中央人民政府网站，2021-09-03.

步加强应征入伍补偿代偿资助政策的实施管理，对因学生士兵自身出现思想问题、违法违规或其他严重错误等导致退伍的毕业生，取消其学费补偿贷款代偿资格，且须返还已取得的补偿或代偿的资金。此外，允许入伍高校新生保留入学资格及退役后到录取高校办理入学手续或重新报名参加入学考试，使我国助学贷款运行机制不断完善。家庭贫困生的认定是学生资助工作的基础，教育部办公厅发布《关于进一步加强和规范高校家庭经济困难学生认定工作的通知》，规定各地各校完善认定办法、改进认定方式，以适切的认定标准、完善的工作机制和合理的资源分配保障认定工作的规范性。将预科生、研究生纳入认定工作的对象范围，要求各高校健全认定工作机制及制定具体认定办法，并报全国学生资助管理中心备案，真正从政策上规范了贫困家庭学生认定工作的开展。《学生资助资金管理办法》为强化学生资助金的合理使用和规范管理，从资助标准、资助分配、监管资金等方面做了详细规定，为提高资助资金使用效益、确保精准资助工作的顺利开展提供了依据。

四、资助育人理念的确立与发展

随着国家资助政策体系的不断完善以及经济社会的快速发展，党和国家对高校学生资助工作功能价值的思考逐步深入，充分认识到仅仅解决高校贫困家庭学生的经济困难无法满足学生个体成长成才以及国家建设发展的需要，必须紧紧围绕人才培养的根本任务，进一步优化资助工作理念。

2009 年 2 月，刘延东在年度国家奖学金颁奖大会上做出重要指示：资助工作要不断突出"育人"功能，深入挖掘并发挥奖助政策的思想政治教育属性，充分发挥奖助学金引导学习、助力成长的作用，培育大学生自强奋斗、建设国家、回报社会的精神。[1] 同时，对广大青年提出了坚定理想信念、勤奋刻苦学习、塑造人文情怀、坚持深入基层、磨砺精神品质、锤炼道德修养等希望和要求，为高校学生资助工作的内涵发展和"资助育人"理念的树立奠定了基础。此后，在全国学生资助管理中心的组织下，高校学生资助工作正

---

[1] 刘延东. 在 2007—2008 学年度国家奖学金颁奖大会上的讲话 [EB/OL]. 中华人民共和国教育部网站，2009-02-27.

式开启了对资助的育人职能的探索实践。2011年11月，第一次全国资助育人工作实践与理论研讨会在湖南省召开，共计39家高校和省级学生资助管理中心的代表参与研讨。与会代表一致指出，学生资助不能限于事务工作，应致力于将社会主义核心价值观等育人理念融入其中，并开创性地开展工作，同时加强资助学生的道德品质教育，充分发挥资助工作的育人功能。① 资助育人就是要把资助工作作为核心，培养学生德智体美劳全面发展，特别是要关注学生的思想道德教育。要坚持立德树人的根本任务，把培养核心人才作为教育事业的重中之重。2018年3月，教育部部长陈宝生指出：学生资助要尤其注重对人的教育功能，把教育作为资助的基础，创设一个物质支出、道德帮助、思想坚定、能力综合的长效机制。② 2019年，陈宝生进一步指出，"不能让家庭经济困难成为学生出彩的阻碍，要使得每个想上学的学生都有学上，使得教育和国家经济增长同步发展，让教育人才为国家做出贡献，这也是资助制度的最终意义。"③ 与此同时，各地各校纷纷在工作实践中探索资助育人的实现路径，将"育人"贯穿于学生资助工作全过程。注重将思想教育与"奖、贷、助、补、勤、减、免"等资助政策的实施有机结合起来，并通过"自强之星"评选表彰、"助学·筑梦·铸人"主题征文、励志报告会和演讲比赛等形式，为贫困家庭学生量身打造各类成长平台。同时，进行自立自强、诚实守信、责任担当、感恩奉献等思想教育，变"输血"为"造血"，体现了尊重贫困家庭学生的主体地位、满足其自身发展的内在需求的价值取向。这些探索为新时代做好高校学生资助工作，实现高等教育培养德、智、体、美、劳综合发展的社会主义事业接班人提供了实践借鉴。

资助育人理念的确立，使资助育人功能在深度和广度上都有了进一步拓展和发挥。在政策功能发挥的广度上，资助育人理念要求资助工作不仅要发挥促进教育公平、保障学生受教育权利的基础性功能，还要重视资助工作育人功能的发挥。在政策功能发挥的深度上，完成了从"保障型"政策到"发

---

① 黄健美."全国高校学生资助育人工作实践与理论研讨会"综述［J］.思想教育研究，2011（12）：105.

② 陈宝生.进一步加强学生资助工作［N］.人民日报，2018-03-01.

③ 陈宝生.学生资助要在脱贫攻坚中发挥更大作用［N］.人民日报，2019-03-01.

展型"政策的转变，对政策的功能发挥提出了更高的要求。主要体现在以下方面。

一是资助政策兼具民生与教育功能。高校学生资助政策虽然有社会保障的性质，但是不完全由社会群体资助。"资助育人"的理念就是，高校学生资助政策应该具备保障民生和保障教育的积极意义。民生功能是资助制度的基础职能之一。高校学生资助政策的初心就是帮助那些有学习意愿，却因家庭经济困难问题无法支付学业等相关费用的学生完成学业。既然是基础性功能，那么就应把重心放在解决学生的基本生活困难上，使其具有基本生活能力以及受教育的能力。高校学生资助政策的民生制度，也是社会保障在教育事业中的体现，能够有效地促进教育公平和社会公平。资助制度的民生以及教育性质，对学生体现出不同的要求，两者密切联系，不可分割。高校学生资助政策的民生意义指的是保障学生的基本生活，教育意义指的是促进学生的综合发展。生存是发展的前提，要想促进学生的全面发展，就要强化资助政策的民生属性，加大资助资金的投入力度，扩大其适用范围。从这个角度来说，这与其他社会保障制度是十分相似的。要强化资助政策的育人性质，更加关注资助水平和精准性以及受助学生的思想变化。从民生性质到教育性质，能够显示出高校学生资助工作从外延式到内涵型的发展。教育本身具备民生的特质，所以教育的民生功能也是通过促进教育主体的民生发展，来加快提高民生水平以及人民生活质量，促进民生主体综合发展。① 加强高校学生资助政策的育人性质，不是弱化民生功能的性质，而是要经由受教育学生知识水平的提高，来达到强化资助工作的目的。

二是由保障型资助向发展型资助转变。《2016 年中国学生资助发展报告》第一次提出学生资助的发展路径，学生资助要逐渐从直接资助转变为发展型资助，从单一的物质帮扶逐步转向包括物质帮助、道德浸润、能力拓展和精神激励等多个维度的育人活动。这表明，高校资助教育不能局限于提供物质条件来解决学生贫困问题，还应更加重视这些学生的身心健康、心理需求和发展成长。从个人发展层面来看，资助政策可以帮助学生克服暂时的经济困

---

① 张晓燕，孙振东 . 论教育的民生功能［J］. 教育发展研究，2014，34（5）：41—46.

难，改善生活条件，为学生提供进一步发展的机会。从社会进步层面来看，资助政策有助于优化人力资源结构，促进社会良性流动，为优化社会整体结构夯实基础。从教育发展角度来讲，资助政策能够扩大教育投入，增强学校发展内在动力，不仅能充盈学校办学经费，还能给予部分学生补助，帮助解决贫困学生的经济问题。从国家发展角度来看，资助育人能够为学生提供政策性引导，帮助国家进行产业间人口流动的调整，为农林地矿等较冷门专业和国家急需专业提供资助政策的倾斜，可以有效引导学生报考，有助于促进地区教育的平衡发展、解决国家的战略需求，有利于推动国家的长期发展。

第四节　我国高校资助育人的成就与经验总结

新中国成立以来，党和国家始终将教育放在各项社会发展事业的优先位置来考虑，始终高度关注贫困家庭学生的教育问题。高校资助工作自身取得了令人瞩目的成就，为新时代资助事业的科学发展打下了坚实的基础，同时提供了宝贵的经验。

一、我国高校资助育人的成就

在党和国家的统筹部署和大力支持下，学生资助工作起到了重要作用，不仅有力地推动了教育事业高质量发展，而且大大促进了社会公平，同时对国民素质的提高、人力资源的优化配置等起到了不可替代的作用。

（一）有力促进高等教育事业发展

新中国成立以来，我国学生资助政策体系不断完善，投入力度不断加大，使家庭经济困难学生的教育得到大力保障，对我国教育改革和社会公平事业都起到了重要的推动作用。

一是促进新中国教育事业迅速兴起。在新中国成立后，为保障人民群众接受教育的权利，国家推出各项举措大力兴办教育。经连年战乱经济凋敝，人民生活水平低下，部分人民群众子女因经济问题失去了接受教育的机会，国家为解决这些问题建立了学生资助制度。从新中国成立到改革开放前，依次推出了供给制、人民助学金、学杂费减免等相关的教育支持政策，为经济困难家庭的适龄子女提供了教育保障，提高了人民群众让适龄子女受教育的积极性。1949—1978 年，中国高等教育毛入学率从 0.26%增长至 2.7%。

二是推动我国教育事业高速发展。中共十一届三中全会之后，党和国家的工作重心转向经济社会发展，中国的教育事业迎来了新机遇。伴随着经济发展水平的提高，教育事业蓬勃发展，党和政府更加关注贫困家庭的教育问题。这一时期，我国的学生资助政策得到完善，政策受益人数持续增加，为贫困学生获得高等教育机会提供了强大支持。20 世纪 80 年代，民众收入和支付能力较低，只有依靠国家政策支持，才能保障人民受教育的权利，国家的教育事业发展才能得到保障，教育发展规模才能快速扩大。

三是加快实现教育公平。从 21 世纪开始，党和政府越来越关注教育公平问题，出台了各类资助政策以促进教育公平，且政策实施深度和广度都在不断加深。即便在经济社会发展的困难时期，党和政府还是坚定维护教育公平，坚决保障困难学生的受教育权利。在党的十八大后，我国的学生资助政策得到进一步完善，财政投入力度逐步加大。经过十几年的努力，我国创设了符合现实国情的学生资助政策体系，实现了教育各学段、公立和民办学校、贫困家庭学生全覆盖，使得教育公平得到真正落实。

（二）助力人力资源强国战略发展

国家的富强和昌盛离不开人才。我国是人口大国，而受教育人口的比例对国家实力的增长至关重要。新中国成立后，随着经济水平的不断提高和国家教育资助制度的完善，我国逐渐发展为人力资源强国。在这个过程中，学生资助制度对人力资源水平的提高起到了至关重要的作用。

首先，普遍提升了国民文化水平。1949 年初，我国整体人口文化素质普遍较低，全国文盲率几乎达到 80%，小学入学率甚至低于 20%。党带领中国人民建立新中国后，大力发展教育事业，以国家资助的方式保障贫困家庭学生也能够接受教育，受教育人口比例大幅增加，大大提高了我国人口的科学文化水平。1964—2018 年，中国用 50 多年的时间，将接受高中及以上教育的人口比例，从最初的 1.7%大幅提升至 29.3%；而接受大专及以上教育的人数，也达到了全国人口的 13%；同时，文盲率大幅降低，由最初的 33.6%锐减到 4.9%。

其次，显著增强了学生身体素质。新中国成立以来建立的学生资助制度，为困难学生在学期间提供了基本的生活保障和营养供给，保证了这部分青少年群体的成长所需。2011 年，国家还专门在农村地区对义务教育学生实施营养改善工程，通过专项工作明显改善了农村学生的身体素质。2017 年，中国疾控中心发布的长期研究报告显示，在实施营养改善工程的农村地区，受资助学生的平均身高和平均体重指数均有所提高，身体发育得到普遍保障。

最后，持续改善我国人才结构。新中国成立 70 年以来，国家通过学生资助政策不仅保障了贫困家庭学生的受教育权益，而且对人才培养和人力资源配置起到了显著的导向作用。如人民助学金制度开始实施之时就通过对资助对象、资金额度的设置，引导学生报考国家紧缺的人才培养专业。1986 年更是专门设立面向特殊专业的专业奖学金、面向特定就业地区的定向奖学金，从入学招生和毕业求职两个关口引导学生学习国家急需专业，并前往艰苦地区、行业就业。自 2007 年起，我国进一步实施多项具有引导性的资助措施，如免费师范生、基层就业补助等政策，在一定程度上将人才引入特殊行业以及特定地区，促进了我国教育结构的转变，对解决经济社会发展中面临的问题起到了重要的促进作用。

（三）助力全面扶贫脱贫，阻断代际贫困

新中国成立后，中国共产党始终高度重视解决温饱和扶贫脱贫问题，经过艰苦奋斗和伟大斗争，我国扶贫脱贫工作取得了举世瞩目的历史性成就。在扶贫攻坚和脱贫攻坚的伟大工程中，学生资助工作作出了重要贡献。

首先，帮助有学龄子女的困难家庭尽快摆脱贫困。从新中国成立到改革开放之前，我国的经济发展水平不高，人民的物质也普遍较为匮乏。很多家庭仅仅能维持温饱，文化类和精神享受类的开支所占比例很小。在这种背景下，子女就学的少量学费和生活费对贫困家庭来说也是不堪重负。学生资助政策为困难家庭子女的入学、学习和就业提供了求学全过程的费用支持，并且为优秀的贫困学生提供奖励金。这大大缓解了困难家庭的经济压力，免除了他们开展生产的后顾之忧。国家帮助解决贫困家庭子女的求学问题，为其开展经济活动，摆脱贫困和提高生活水平提供了坚实的支撑。

其次，帮助贫困家庭持续性深层次脱贫。在 20 世纪 80 年代以前，我国的扶贫思路是通过培养一个人达到脱贫一户的效果。该阶段的扶贫策略也被称作"救济式扶贫"。在此之后，国家将贫困人口自身的文化素养和发展能力作为帮扶的主要方向，更加重视提高贫困人口的自我发展能力。"脱贫先脱愚，脱愚靠教育"成为当时脱贫工作的共识。党的十八大以后，习近平总书记提出扶贫要同时进行"扶智"以及"扶志"的脱贫思路，只有通过"扶智"和"扶志"，才能打赢扶贫脱贫、阻断代际贫困的攻坚战。在贫困家庭子女求学的过程中，对其进行扶持和资助的工作必不可少。该工作不仅使众多贫困学生能够更加专心地投入学习，不断增加知识，还让他们在学成之后，有能力帮助整个家庭摆脱贫困。

最后，防止脱贫家庭再次致贫。党和国家近年来一直致力于脱贫攻坚，现在虽然已取得了良好的成效，但在收入水平达到一定程度之前，人们自身的发展能力相对不强，倘若他们在子女求学时得不到相应补助，可能会面临因学返贫或因学致贫问题。贫困人群和刚刚摆脱贫困的家庭，是我国学生资助政策重点关注的群体。我国对这些学生求学时提供相应的帮助，减少其家庭的相关投入，避免其再次陷入贫困。同时，国家对各类学生都有相应的帮扶措施，使学生更希望向上升学，为解决学生因贫困辍学的问题提供了很好的条件。

二、我国高校资助育人的经验

新中国成立 70 多年来，高校资助育人在高等教育改革发展中实现了飞跃式发展，高校资助工作为中国特色社会主义现代化事业建设培养了大批人才，在我国高等教育事业发展中起到了至关重要的作用。同时，在观念变革、基本原则、生活保障以及实际生活等方面也起到了不可忽视的作用，为进一步深化资助育人研究和实践提供了借鉴。

（一）观念变革：兼顾权利责任，坚持权利义务统一

受教育权是现代人权的基本体现，资助政策即保障公民受教育权的制度。按照法律，公民应该有从社会中获得相应基本生活条件的权利，这是公民社会权的集中体现。当社会权利无法行使时，公民有权要求国家提供相关机会

使公民权利得到保障。① 因此，贫困生接受国家的帮助本身就是在享受自己的权利，并非慈善行为，而是一种理应得到保障的基本权利。

在起初的资助育人实践中，经济资助政策基本遵循无偿提供的原则。这一原则重在保障学生的受教育权利，导致受助学生在享受自己的权利时未能及时履行自己应有的义务，少部分学生将履行义务抛之脑后，形成"自己只需享受自身权利"的错误观念。在接受国家帮扶时，贫困生不仅可以享受隐私权、受尊重权等一列类权利，同时必须履行相应义务，如不瞒报信息，自觉接受社会有关人员的监督。学生享受的权利和履行的义务不对等现象也说明，部分受到国家帮扶的学生需要加强自身的责任意识，在享受权利的同时履行自己应尽的义务。更有极少部分同学不正确行使自己的权利，类似"冒充贫困"等不诚信的现象时有发生。高等院校在对学生进行经济资助的同时，还要对其进行正确的引导和教育，避免其产生"等、靠、要"等不良思想。

在资助工作实践中，权利与义务的平衡问题逐渐引发对资助育人工作观念变革的思考。在法理意义上，权利和义务应该相统一，这与长期实践过程中出现的高校学生在享受相应权利的同时未能履行自身应尽的义务的现象有关。鉴于此，我们应该强调享受权利与履行义务不可分割的原则。高校也应该教导学生在享受权利的过程中，必须有自身的努力付出。随着资助观念逐渐变革，资助政策也经历了"标准一致、普遍覆盖"到"标准分级、部分覆盖"再到"奖优助困"和"助学贷款"的变化，逐渐由"单方面无偿接受资助"演变为倡导"权利与义务相统一"，使权利和义务达到平衡。

此外，高校还应提高资助工作中道德教育的针对性和有效性。在保证贫困学生接受资助的同时，更加重视培养学生独立自主的能力、担当重任的责任心、感恩回报的意识以及诚实守信的品质。这些都建立在将"资助"与"育人"结合的基础上。因此，在开展资助工作时，注意强调权利与义务相统一的观念，注意强化程序规范、结果公正等方面，都可以为资助育人理念的发展提供重要参考。

---

① 徐丽红. 社会权利视域下的中国现行高校帮困资助政策研究 [D]. 上海：华东师范大学，2014：2.

（二）基本原则：注重思想引领，扶困与扶志相结合

在过去很长一段时间，各高校在进行学生资助的实际工作中，特别关注资助资金的投入以及资助产生的结果，而未对资助产生的德育效果予以足够重视，将资助视为单一的物质帮扶成普遍存在的现象。通常，人们会强调评审程序公开、公平和公正的重要性，将资助流程公开也成为基本操作。例如，首先由学生班级同学进行民主评议；其次由院系审核通过以后上报学校进行审批，学校通过后上报到省厅；最后资助的资金会由校财务处经银行打入学生的银行卡。在这个过程中，资助工作仅仅外化为申请资助、得到资助等简单的物质传递流程，而道德、法律、伦理等方面的渗透教育严重缺位，这种简单化的物质资助并不能对学生起到很好的教育作用，资助的育人功能得不到有效发挥。

经过多年实践探索，教育工作者逐渐认识到仅仅从经济角度资助家庭经济困难学生并不能从根本上解决问题。对于家庭经济困难学生来说，不仅要实施物质上的帮扶，更需要精神上的鼓励和引导。我国的高等教育事业以立德树人为核心和根本任务，而学生资助作为其中的重要一环，显然应紧紧围绕这一根本任务开展工作。近年来，国家帮助家庭经济困难的学生树立远大理想，使其实现精神上的满足，得到全方位的发展。

从个人发展层面来看，经济扶贫不仅能改善贫困学生的生活条件，更重要的是给他们创造了向更高层次发展的可能。而精神方面的扶贫除了可以让人感受到物质上的富足外，还可以使其不断得到精神上的充盈，以此促使大学生担当起未来国家发展的重任。在经济方面得到保障后，大学生会进一步追求精神方面的满足。他们需要寻求下一步的发展目标，包括调整心理、增强个人能力、提高就业水平应对就业危机等。所以，学生资助的模式不应该仅是"输血式"的被动资助和满足物质需要的经济资助，还应该是一种"造血式"的主动资助，更关注培养大学生的创造能力，以此提高他们步入社会后的适应能力和竞争能力，这是资助育人的题中应有之义。

所以，高校学生资助育人的关键是做到物质问题与精神问题同时解决，主动服务学生与学生自我服务同时满足。也就是将贫困学生的经济问题与教育问题、服务问题与发展问题紧密结合起来统筹考虑，只有实现这两点的紧

密结合，才能真正做到帮助学生发展。国家在数十年间投入大量资金用于学生资助，对学生的物质需要提供了及时帮助。同时，该举措对学生的精神影响和道德教育也是隐形且巨大的。一代又一代的贫困学生在政策的支持下不仅摆脱了贫困，而且改变了命运，在我的各行各业发挥着重要作用。坚持经济扶贫和精神扶志相结合下的资助育人工作取得突出成效，为我国培养、输送了大量的社会主义建设者和接班人，是我国资助育人工作发展数十年来的宝贵经验。

（三）资助格局：财政充足投入，协同多方共同承担

为推进我国高等教育事业和资助育人工作内涵式发展，持续充足的物质投入仍是最基础的条件保障。如 2017—2021 年全国高等教育阶段资助金总额为 6212.12 亿元，其中，财政性资金占比约为 51%，达到 3168.98 亿元。从来源构成看，中央财政和地方财政分别投入 2056.68 亿元和 1112.3 亿元，分别占 33.1% 和 17.9%。现阶段，政府财政投入是学生资助经费的主要来源，政府在资金拨付和预算规划等过程中起着主导作用。①

经过数十年的快速发展，中国已经成为全世界教育规模最大的国家。这决定了我国需要资助的学生不仅数量巨大，而且涉及面极为广泛。这也意味着高校资助育人事业不仅需要依靠政府或社会来完成，而且需要构建多元主体共同发力的资助格局，将财政投入和社会捐赠结合，有效提高社会捐赠在高校资助事业发展中的地位。从高校管理体制的角度来说，教育财政投入无疑是资助资金的首要来源，因此，高校资助事业的发展与政府的支持密切相关。由于政府与高校之间是一种紧密依存的关系，政府需要通过制定科学规划、全面建立相关保障机制等措施来为高校的资助工作筹集资金。改革开放以来，随着经济体制改革的逐渐深入，经济主体和利益主体也逐渐多元，教育资源集中现象逐渐消失。国家、社会、市场和个人都成为教育资源配置系统中的一分子，当然也成为资助的力量之一。随着社会主义市场经济的发展，一大批热心教育事业的企业和企业家也加入学生资助行列，并成为其中一股

---

① 数据根据教育部全国学生资助管理中心历年工作报告整理计算。网址：https://www.xszz.edu.cn.

重要的力量。仍以 2017—2021 年的数据为例，由各类企业单位、社会团体及个人捐助加上银行提供的国家助学贷款资金，总额达到了 1867.66 亿元，约占资助总额的 30%。①

总而言之，只有政府和社会开展合作形成合力，高校资助事业才能持续平稳地进行下去。逐步形成多方供给、协同发力的资金筹措格局，是资助育人多年来发展的有益经验，也是未来高校资助发展获得物质基础的基本思路。

（四）育人实践：整体统筹推进，形成中国特色路径

作为新中国高等教育事业发展的重要组成部分，高校资助工作经过长期发展已经形成了具有中国特色的育人路径。这主要体现在三个方面。一是资助育人制度化。这要求在开展资助工作时，应有意识地发展受助学生的知、情、信、意、行，借助制度对学生进行规范和引导。在此基础上，达到对受助学生的思想道德教育，使其得到全面升华。二是坚持以人为本的资助育人方式。为最大限度发挥高校资助工作的作用，必须坚持以人为本的原则，充分尊重大学生的主体性。大学生是高校资助活动的最终接受者，只有紧紧围绕大学生的特点和需求开展工作，才可以实现高校资助育人的最终目标。三是建立相应的组织保障。高校资助工作人员要充分认识并运用好双重身份，既要严格遵守规定完成具体的执行工作，又要有意识地做好思想政治教育工作，引导受助学生身体和心理健康成长。因此，资助工作人员要密切注意观察受助学生的思想动向并对其进行引导，在与受助学生的互动中充分发挥资助育人的重要作用。新中国成立 70 多年来，我国逐步形成了完备的资助工作队伍选拔、培养和管理机制，建立了一支专业化工作队伍，有效地保障了资助育人工作的实施。

总之，我国高校学生资助政策体系经过了 70 余年的摸索和发展，建立了以"奖、助、贷、勤、补、减、免"等为核心的高校资助政策体系。资助政策体系在不断完善的过程中，也确立了资助育人的发展方向，有力地促进了我国高等教育事业的发展，保障了教育公平，并在激活和优化我国人力资源

① 数据根据教育部全国学生资助管理中心历年工作报告整理计算。网址：https://www.xszz.edu.cn。

结构、助力全面脱贫、实现全面小康等方面发挥了重要作用。这些成绩的取得离不开数十年的实践探索，为新时代我国高校资助育人工作的开展提供了丰富的经验和良好的实践基础。

第二章

高校资助育人的理论解读

　　资助育人是一个实践课题，但它并非无根之木、无本之源。马克思主义理论及相关学科为资助育人提供了深厚的思想源泉和理论基础。作为思想政治教育学科的研究论域，马克思主义理论构成了资助育人的基本理论遵循。资助育人是关乎人的事业，理应建立在对人的科学认知的基础上。而究竟如何认识资助育人中的"人"？资助育人应该基于怎样的立场、观点和方法去认识"人"才能达到育人的真正目的？这不仅关系到资助育人的理论建构，而且影响到以育人为目标的资助工作如何开展。从这个角度来说，马克思主义人学为资助育人研究提供了重要的理论支撑。从马克思主义人学的视角分析和诠释资助育人的内在机理，就显得更加必要和重要。为使研究有一个相对集中的论域和明确的指向，本书中的马克思主义人学，主要是指马克思（包括恩格斯）的人学思想。

第一节　资助育人的逻辑起点

　　高校资助育人，实际上就是高等学校为学生提供一定的帮助，在帮助学生摆脱经济困难的同时也让学生培养良好的道德品质和综合素养，逐渐形成正确的价值观，从而达到育人的目的。从本质上讲，资助是为满足人的需要而产生的，而人的需要又具有多元化的特征。马克思认为，应该从自然属性和精神属性两方面理解人的本性，所以人的需要分为自然需要和精神需要。

一、资助育人满足学生的自然需要

作为自然存在物，人必然具有自然属性。马克思在《1844 年经济学哲学手稿》中指出："人直接地是自然存在物……而且作为有生命的自然存在物。"① 在马克思看来，"全部人类历史的第一个前提无疑是有生命的个人的存在"②。与马克思一样，恩格斯也多次在著作中阐述了人的自然属性。恩格斯认为，谁设想人已经完全克服了自己身上作为生物集体而固有的自然因素，谁就是天真的和错误的。他在《自然辩证法》中写道："我们统治自然界，决不像征服者统治其他民族一样，决不像站在自然界以外的人一样——相反地，我们连同我们的肉、血和大脑都是属于自然界，存在于自然界的。"③ 他在《反杜林论》中甚至这样说："人来源于动物界这一事实已经决定人永远不能完全摆脱兽性，所以问题永远只能在于摆脱得多些或少些。"④ 从马克思和恩格斯的论述看，人属于自然存在物，依赖于自然界生存发展，也为自然的发展贡献力量。人的属性中包含着自然和社会共同赋予的特征，人会因为社会活动而变化，但并不会因此改变其自然属性。人的自然属性与社会属性共同发挥作用，不断地推进着人类的发展。

人的肉体具有客观性，这种生物组织为了更好地生存下去会产生自然需求。自然需要是人在维持自己生命过程中体现出的生理和生物两个方面的需要。人类在生存过程中最重要的前提就是人必须生活下去，这也是人能够创造历史的前提。在《德意志意识形态》中，马克思、恩格斯指出："一切人类生存的第一个前提也就是一切历史的第一个前提，这个前提是：人们为了能够'创造历史'，必须能够生活。但是为了生活，首先就需要吃喝住穿以及其他一些东西。"⑤ 恩格斯在谈到马克思生前的伟大贡献时强调："正像达尔文发现有机界的发展规律一样，马克思发现了人类历史的发展规律，即历来为

① 马克思，恩格斯．马克思恩格斯文集：第 1 卷［M］．北京：人民出版社，2009：209.
② 马克思，恩格斯．马克思恩格斯文集：第 1 卷［M］．北京：人民出版社，2012：146.
③ 马克思，恩格斯．马克思恩格斯全集：第 20 卷［M］．北京：人民出版社，1971：519.
④ 马克思，恩格斯．马克思恩格斯全集：第 26 卷［M］．北京：人民出版社，2014：106.
⑤ 马克思，恩格斯．马克思恩格斯选集：第 1 卷［M］．北京：人民出版社，2012：158.

繁芜丛杂的意识形态所掩盖着的一个简单事实：人们首先必须吃、喝、住、穿，然后才能从事政治、科学、艺术、宗教等等。"①

因此，理解资助育人，不能离开资助可以满足人的自然需要这个基本前提条件。从人的自然属性这个角度来看，资助可以满足"人"最基本的生存需要，为资助对象提供基本生活必要的物质资助，使人首先满足生活的需要。这是资助的基础性目标，是实现育人的前提，也是资助育人运演逻辑的原始起点。

二、资助育人满足学生的精神需要

人的主观意识最突出的反应，就是产生了精神层面的需求。这种精神需求通过多个方面得到体现，如审美、认知、态度、情操等。在人成长的过程中，精神生命也实现了发展。"人的身体是稳定的，以下理由可以说明：一个不制造工具的动物在改变技能时必须去适应，换言之，其机体必须改变执行新的功能，而人改变机能时，无须适应，因为工具在身体之外，他只需要制造新的工具。因此人类的未来绝不是身体解剖或者外部形态的变化，而是其思想、意识形态、技术等的发展。"② 这充分说明了物质的满足只是人存活的基本保障，精神上的需求才是人之所以为人的最终追求。所以，人对于物质的追求并不是人发展的目标，而是实现精神需求中的一个基本条件。同理，高校学生资助的目的也不是使资助对象得到物质上的满足，而是需要使资助对象精神上得到充盈和发展。

因此，通过资助实现育人、满足资助对象的精神需求，显然是非常必要和重要的，这种重要性体现在三个方面。首先，教育是一种非生产性活动，人在教育活动中获得的不是物质需求的满足，更多的是在物质得到满足基础上的精神满足，是物质满足不能替代的。其次，资助育人的目的是让学生能够更好地生活，但这种更好的生活不是靠给予暂时的物质资助实现的，而是通过对学生能力的提升和精神的涵养，能让其获得更好的发展和更美好的未

---

① 马克思, 恩格斯. 马克思恩格斯选集: 第3卷 [M]. 北京: 人民出版社, 2012: 1002.
② 诺埃尔. 今日达尔文主义 [M]. 朱晓法, 译, 北京: 北京大学出版社, 2000: 71.

来。最后，育人活动的最终目标就是让人的生命有更高的质量，拥有更加丰富的精神世界。这些都意味着在教育中，人的需要就是为了实现精神层面的发展。

关注资助育人中的"人"，就应该表现出对人的精神需要的重视。如果只是物质文明变得越来越发达，而人的精神却停滞不前，甚至出现了日渐萎缩的情况，就会成为一种严重的"现代性危机"。施特劳斯指出，现代性的危机是因为形成了这样的事实："当代西方人并不知道自己想要的是什么，对于自己能知道哪些是好的、对的，哪些是坏的、错的这个问题，他们已经不相信自己的能力。"① 这种知识与财富都在增长的同时精神上却十分贫乏的精神危机就是"现代性危机"的根源。面对资助对象，不能只关心他们在经济方面的困难，对他们的精神进行引导才是最重要的。

精神层面的需求主要体现为三个层面：一是心理和情感层面，是个人精神发展的基础；二是道德和意识层面，是在个人的交往活动中发展起来的精神能力；三是审美意识和信念水平，是个人精神发展的核心，表明一个人精神发展所达到的高度。② 把这一理论运用于资助对象身上，需要从上述三个方面对他们进行引导，帮助他们实现提升，这样才能让他们的精神需求得到满足，这种满足虽然不唯教育所是，但绝对不可以忽略教育。如果人性永远保持不变，教育就失去了意义，在教育过程中付出的所有努力就都是徒劳的，因为教育的根本目的就是让人性发生改变，形成坚定的信仰、质朴的人性思维、美好的情感。如果人性是不可变的，我们可能有训练，但不可能有教育，因为训练与教育不同，训练仅是某些技能的获得，本性上的才能可训练到一个更高效率的程度，而并无新的态度或倾向的发展，但后者正是教育的目标。③ 如此说来，育人就是要让人的精神方面的需求得到满足，在育人活动的过程中除了要传递知识以外，还要教化人的思想、提升人的能力、改变人的精神面貌等。这些都是精神涵养的体现形式，能让人凌驾于自然性之上，成

---

① 贺照田. 西方现代性的曲折与展开 [M] 长春：吉林人民出版社，2002：86.

② 王坤庆. 精神与教育：一种教育哲学视角的当代教育反思与建构 [M]. 上海：上海教育出版社，2002：17-19.

③ 杜威. 人的问题 [M]. 傅统先，邱椿，译. 上海：上海人民出版社，1965：155.

为有价值、有意义的生命，这也是资助育人的使命所在。

三、人的需要是资助育人的动力源

为什么通过资助可以实现育人？也就是说，资助为何可以通过满足人的物质需要达到影响人精神品格的目的？这需要从人的需要的内在性进行分析。从生物学视角出发，人类体现出的一系列生命特征都是自身无法解释的。从文学视角出发，人类对于生命的理解永远也不能达到彻底、充分的程度。虽然人类在不断地探索，但我们始终无法完全了解自身，因为人的生活状态在不断地发生变化，人们对生活的理解也就无法明晰，这使人的生活更加丰富多彩。虽然人与动物都需要通过依赖自然界的物质维持生命，但是由于人的生命活动具有"自由自觉"的特质，人与动物获取能量和维持生命的方式是不同的。"一个种的整体特性、种的类特性就在于生命活动的性质，而自由的有意识的活动恰恰就是人的类特性。生活本身仅仅表现为生活的手段。动物和自己的生命活动是直接同一的。动物不把自己同自己的生命活动区别开来。它就是自己的生命活动。人则使自己的生命活动本身变成自己意志的和自己意识的对象。"[①] 与动物不同，人类具有"自由的有意识的活动"的特征。在不同的物质生产和文化条件下，人们必将过着截然不同的生活，拥有不同的生命特征。马克思指出："个人怎样表现自己的生命，他们自己就是怎样。因此，他们是什么样的，这同他们的生产是一致的——既和他们生产什么一致，又和他们怎样生产一致。因而，个人是什么样的，这取决于他们进行生产的物质条件。"[②] 所以，人满足需要是为了"自由的有意识的活动"，也就是为了更好地生活，而不是仅仅为了维持生命的自然存在。在面临各种重大的生存问题时，人类能表现出自强不息的强大生命精神，这种精神使人类能生存到现在。在人类生命发展的历史中，人的生活也体现出了较强的时代性。如果人能对时代性有足够的把握，并在时代精神的引领下找到合适的生活方式，就能让短暂的生命拥有无限的意义，彰显"人"之所以为"人"的根本

---

① 马克思，恩格斯. 马克思恩格斯选集：第 1 卷［M］. 北京：人民出版社，2012：56.
② 马克思，恩格斯. 马克思恩格斯选集：第 1 卷［M］. 北京：人民出版社，2012：147.

特质。

在人的生活中，接受高等教育是一种重要的形式。在高校各种形式的教育中，资助育人是一种特殊教育方式。资助育人除了要给学生提供物质支持外，还要体现精神价值。从这个角度理解，资助政策满足学生的需要，不仅仅是为了让学生维持生存，更是为了通过资助，使其接受教育。当学生在生活与学习中遇到困难时能产生愿意挑战自己、克服困难的勇气，他们的行为习惯也会发生改变。这让学生拥有一种与人类生命特质保持一致的生活方式，从而获得更好的、更长远的发展。基于当前的资助模式，即便一再提高资助的金额，也不能彻底改变学生的命运。但不断完善和丰富资助政策有其重要的意义，即培养受助学生更好的生活方式以及对美好生活的期待，也是因为这种目标的建立，资助才有了发挥育人功能的可能。

人的需要又有多重特征。第一，需要是对现实状态未满足性心理的反映。往往越是没有被满足的需求，越容易让人产生强烈的需求感。第二，人的需要与人生目标紧密相连。人的需要能体现出人生奋斗的目标，如果设定了宏大的目标，人就会形成强烈的需要感。第三，需要是意愿状态的体现形式。与人的现实状态相比一直处于领先位置，人的一生都是有追求的。综上所述，人的需要是丰富多样且处于不断变化中的。因为形成了丰富的需要，人就会不断想办法满足自己的需要从而实现发展。与此同时，当满足需要的对象范围发生了改变之后，抑或是能以另外的方式满足需要时，需要的丰富程度也会有所改变。当社会生产力得到充分发展，为社会中的人带来更为充沛的物质资源时，人的自然性需要能得到满足，进而能产生丰富的精神性需要。这样，人的需要就会变得具体、细致，生成更加复杂化、层次化的需要体系。如果人的生命需要是不合理的，就会对生命的发展产生负面影响。而社会生产力发展水平的不断变化，也会对人的需要产生影响。

具体到资助育人的情境中，一方面，学生通过资助获得受教育的机会，在受教育过程中满足自身发展需要的同时，获得自我发展和完善。另一方面，资助育人的过程使学生开阔视野、增长见识，使人生发出新的需要。人会根据不断变化的需要设定合理的人生目标，并为之不懈努力，促使其不断地提升自我、持续成长和进步。这种生发于自身需要的不断丰富和变化，是资助对象追求进步和接受教育的内生动力，也是资助得以育人的动力源。

第二节　资助育人的实现条件

马克思主义理论认为，人的本质不是天生不变的，相反，人的本质具有可塑性。从发展的角度来看，人始终是生成性存在，具有无限的可能性，需要通过自身的不断发展以实现完满。人所在的社会关系影响着人的本质的塑造。人的本质具有实践性，育人实践能使人不断完善自我，使资助育人的愿景成为现实。资助育人作为一种教育方式，通过改变学生所处的生活环境，影响学生所处的社会关系，促进学生完善自我的实践。尊重和把握人的本质可塑性，从人的本质的社会性上入手，通过有意识地资助育人工作，以恰当的方式帮助学生成为更好的自己，可以在学生"人的本质"的形成中发挥有效的积极影响。

一、人的可塑性是资助育人的内在依据

人的生命与动物相比更加复杂且更具优越性。尽管考虑到机体的功能，可能在某些方面，人的生命技能不如动物，在某些方面甚至有严重不足。但要意识到，大自然使人类拥有了无限的生机和潜能，从而使人在生命的本源上是可以被塑造和教育的，这使资助育人成为可能。这种优越性和可塑性可以从两个方面理解。

一是人的非特定性。一般动物的器官都是在漫长的演进中，为了适应外界环境形成的。但人的器官没有为了满足某种需要或是适应某种环境而具有特定化。从人类学角度分析，人的这些先天不足并非坏事，反而因为人的器官没有得到特定的生命机能支撑，使人具备适合多种用途的潜质。因为人能够思考和发明，自己不具备的某种能力也可以通过具备的能力来弥补，缺乏的特定化也能通过其他多种能力得到补偿。由于人具有首创精神，能让他们更好地适应外部环境的改变，借助社会惯例或是新的发明，让自己更容易、更好地生存下去。虽然动物在生存竞争方面有着良好的"装备"，但无法与人

相比。也就是说，人的未特定化是先天的，这是人的一种优势。因为人完全有能力使当前的不足得到弥补，人在所有生物之中是最善于创新的，是本身并不完美却能不断使自己变得完美的生物。

二是人的未完成性。未完成性是人的本质属性之一，人的生命过程是不断自我完善的过程。与其他生物相比，人最大的特殊性就体现在未完成性方面。因为人具备了与动物完全不同的特征，如无限可能性，产生了受教育需求，能借助教育与实践让自己变得强大等。正是这些特征的存在，使育人活动的开展有了客观依据。因为人有可能变坏，所以接受教育是完全有必要的；人有可能变好，所以教育能体现出无限的价值。马克思认为，人是"具有自然力、生命力，是能动的自然存在物；这些力量作为天赋和才能、作为欲望存在于人身上"。① 这意味着，人是永远向未来发展的，其发展的基础就是人具有巨大的潜能。潜能具有自主性，是一种可能，不会因为外部环境的改变而受影响。与本能不同，潜能不是既成的。人类除了本能之外，还有其他动物所不具有的潜能，是可以通过教育和实践获得的。正如心理学家指明的："人自从来到这个世界的那一刻就是'早熟的'。来到这个世界时便带有了各种潜能，这些潜能可能半途流产，能在对自己有利、不利的条件之中生存并逐渐变得成熟，而个人不得不在这些环境中发展。所以从本质上讲，它是能够受教育的。"② 因此，人的潜能虽然是与生俱来客观存在的，但它是需要通过教育才能被激发和培养出来的，教育对人具有重要的意义。

综上所述，人是一种具有生命的自然存在物，它是超越和复杂于其他动物的。毋庸置疑，这样的认识将有助于我们从人的本性角度来理解"资助育人"的教育对象，更好地对他们开展教育活动。这是因为对大学生主观能动性的调动、主体意识的唤醒、能力素质的培养以及自由全面发展的促进等，都首先要建立在人的本质所特有可塑性的基础上。学生作为"人"，具有未完成性和可塑性的特征便成为资助可以实现育人的内在依据，为资助得以育人提供了可能。

---

① 马克思，恩格斯．马克思恩格斯文集：第1卷［M］．北京：人民出版社，2009：209.
② 联合国教科文组织国际教育发展委员会．学会生存：教育世界的今天和明天［M］．北京：教育科学出版社，1996：197.

二、人的社会性是资助育人的现实依据

资助育人实质上是期望通过资助政策和恰当的教育对人的本质进行优化和塑造。人在社会关系中逐渐形成了其社会性的本质特征，这意味着人能对自己的社会关系、生存环境进行改造，进而影响人的本质生成。因此，在对高校资助育人进行分析时，要对人的社会性进行分析。

马克思主义认为，人的本质在不同的社会关系中是不同的。一是因为对人的本质起根本作用的因素是人的社会关系，社会关系复杂多样，是众多关系的集合。人的本质在形成时，人际关系的特征使人形成了强烈的主观能动性。二是社会性是人的本质，这种特征的形成让人在发展的过程中体现出历史性和具体性两大特征。社会关系一直在发展，人的社会本质也会因为社会关系的变化逐渐改变。在对高校资助育人实践进行分析时，应该看到其现实依据就是人本质中的社会性。社会性是人的本质的体现形式，人能形成怎样的本质，取决于其所在的社会关系。资助育人会对人的社会关系产生较大的影响，高校资助育人要以人本质中的社会性为依据。其原因如下。

一是人的本质包括社会性。人的社会关系深刻影响着人的本质。由于社会关系一直处于变化中，人自身的活动能让社会关系逐渐发生改变。也正因为人的活动一直都在改变，人的社会本质也会有所改变。与此同时，人的活动增强之后，社会关系会变得越来越成熟，人的社会本质也会体现得越来越明显，但这一切都会发生改变。因此，要把握住人的社会关系，积极引导人的活动，对其社会关系产生影响，由此形成人的社会本质并促进其成长。

二是大学生与育人活动的特征。在高等教育实践中，学生的社会关系时刻影响学生本质的形成。校园是当代大学生所学习和生活的主要场所，大学生的社会关系基本只是局限于学习、生活两个方面。这些社会关系的总和，会对他们社会本质的形成造成影响。大学生的社会关系由两部分构成，学校、学院、社团等宏观层面的社会关系以及朋友、同窗、师生等微观层面的社会关系。这些关系对他们社会本质的形成有很大影响，也产生了一定制约。此外，学生是社会的有机构成，其本身还有原生家庭、亲戚朋友等初始社会关系。这些各式各样的关系构成了每个学生独特的、复杂的社会关系网络，对

其思维方式、学习状况、生活习惯等有着重要影响。

作为高校育人的重要方式，资助育人在实践中不能忽视学生社会关系的影响。一方面，学生所在的社会关系网络会潜移默化地影响学生，所以高校资助育人是通过学生所处的社会关系中的各种力量来协同实现的。另一方面，对受助学生的人格塑造、思想引领、责任意识培养等会影响学生在所处社会关系中的和谐程度。之所以对学生进行方方面面的教育和培养，是因为希望学生处于更加和谐、健康的社会关系中，使他们的需求得到满足，从而获得全面发展。

由此可以说，资助育人模式应以影响和塑造大学生的生活环境及社会关系为现实依据，通过对学生思想观念、能力素质和个性发展提供帮助，促使其不断自强自立，实现与教师、同学、家人和社会的和谐相处，拥有良好的社会关系，逐渐形成健康阳光的人格特征。

三、人的实践性是资助育人的实现路径

实践的观点是马克思主义的首要观点。人的实践是一种以生产实践为基础的、以生产力与生产关系的矛盾运动为推动力的、人与外部环境间相互作用的社会活动。实践的意义同时体现在人的存在和社会生活两个方面。

马克思认为，"有生命的个人"是人类历史形成与发展的首要前提。"有生命的个人"要存在，首先要进行物质生产活动，生产物质生活本身。物质生产活动是人类生存的"第一个前提"，是人的"第一个历史活动"。从根本上说，人是在物质生产活动中自我塑造、自我改变、自我发展的。"一当人开始生产自己的生活资料……人本身就开始把自己和动物区别开来。"[1] 人不仅是自然存在物，也是社会存在物。换言之，人实际上是二者的统一，而这种统一生成于实践活动中。在长期实践中，人类把自己转向于不同的社会关系中，才有了社会存在，这意味着实践造就了人的生存本体。

首先，人的存在通过实践得以证明，也通过实践得以表现。实践活动的开展，让人的本质"对象化"。生产劳动产品的实践，不仅满足他作为人的本

---

[1]　马克思，恩格斯．马克思恩格斯选集：第1卷［M］．北京：人民出版社，2012：147.

质的要求，也间接地证实和表现了"我"的本质。同时，在这种实践活动中，人通过不断地调整塑造自己的形象，不断引发自身的本质，从而不断地"成为着自己"。其次，实践为认知提供了必要条件。人的实践活动是一切认知的源头，能为其发展提供强大的动力。人的一切认识既不是先天赋予的，也不是后天的纯粹"思考"所得，而是通过人的实践活动，即与外部世界的"交互"得来的。人对不断发展的实践的需要，促使人去更新和深入对于外部世界与内部世界的研究。认识必须通过实践来检验，只有能正确指导和促进实践活动的认识才可能是真理。再次，实践是人类改造世界的根本途径。只有在"对象化"的实践活动中，人才能将其本质表现出来，才能真正改变客观世界。最后，人要实现全面自由的发展，必须建立在生产力发展的基础之上，同时具备与之相匹配的生产关系。生产实践活动决定了生产力的实际发展水平，同时决定着生产关系。所以，实践是人类发展进步的根本方式。

人的本质的实践性给资助育人的实现提供了路径。资助育人以满足人的需要为起点，以人的需要的不断更迭与丰富为动力源。但人的需要仅仅是起点，仅有"人的需要"并不能实现育人。人的需要有一个区别于动物需要的本质特点，那就是人有着双重缺乏的需要。从普遍意义上来说，需要是有机体表现出的对外部环境的依赖和缺乏状态。就动物的需要而言，只是表现为有机体内单一的物质缺乏；但从人的需要来看，除了表达自身内部的需要，还包括其在现实世界中对应映射的需要。诸如，人的衣、食、住、行等基本生存需求莫不如是。这就意味着人的某些需要无法像动物一样直接从自然界中取得，要靠自觉的实践活动来获取。换句话说，动物对自然界中各种物品的接受是被动的，而人类需要通过创造性的实践活动使自己的需求得到满足。

因此，资助育人在"人的需要"的动力机制下，更需要通过实践来实现。实践主体的对象化实际上就是育人过程的体现，实践客体需要为育人活动的开展带来丰富的材料。借助资助育人的实践，可以增加人的主观与客观世界之间的联系，教育活动在开展中，主体与客体之间的作用持续进行，可以激发学生"自由自觉的活动"的本质。也就是说，通过不断育人实践来实现学生全面发展的目的，是高校资助育人的现实路径。

第三节　资助育人的价值旨归

按照马克思的观点，人的价值是在同人的关系中产生的对于人的需要的满足程度。个人价值，指的是人的存在和行为在社会关系中对于人的意义，也就是人对于人的意义。具体到每一个现实的人，其价值一般会体现在两个方面：当作为价值关系的客体时，人以自己的贡献满足了其他价值主体，这时它所表现出的价值可以叫"人的社会价值"，即个别人（群体）对社会主体尺度的符合；当作为价值关系的主体时，人需要从他人和社会那里获得尊重和满足，在这种情况下，他的价值可以叫"人的自我价值"，即人的行为对自身需要的满足。① 社会价值与自我价值之间形成了对立统一的关系，两者的结合能充分体现出社会主义的本质，也是社会主义体现出的优越性。两者的统一实现正是资助育人的价值旨归。

一、实现自我价值是资助育人的价值根基

生命价值是人类实现自我价值的前提。第一，人是一种动态的、生成性的、不可取代的生命存在。个人自出生之日起，身体素质、智力水平不断成长进步，这使每个人都是独一无二的。正是每个独一无二的人在自我发展的过程中共同作用，才有了全部人类的发展和进步。虽然对于整个人类来说，个人不过是亿万分之一，但是对于其个人的生命本身来说，却是百分之百。第二，生命的创造性彰显了人的价值。生命具有无限的可能，在个人的求索中不断丰富物质世界和精神世界，在生命延续的过程中创造价值。

在传统思想中，社会价值的重要程度高于自我价值，要求人先考虑实现社会价值而往往忽视了自我价值的实现，这是过去人在价值问题上的普遍误区。人的自我价值的重要性主要体现在两个方面：一是实现自我价值是实现社会价值的必然要求。社会价值不是抽象存在的，社会价值的实现必然包含

---

① 李德顺. 价值论［M］. 北京：中国人民大学出版社，2007：152.

社会中成员自我价值的实现；二是自我价值的是社会价值实现的基础。作为个体的人无疑应该最大限度地实现自我价值，才能为社会、他人做出贡献。同时，自我价值的实现也受限于个人的生存能力、认识水平和道德境界。

教育最早产生于人的自我存续的需要。早在人类社会建立之初，人们就会把自己的生产、生活的经验传给下一代，用这种方式使整个族群具备更强的生存能力，这就是最古老的教育方式。伴随着人类社会不断发展，教育不只是人类生存经验的传递，也逐渐成为人自我价值实现的重要途径。资助育人使学生通过接受教育，提高其生存能力、认识水平和道德境界，以实现学生的自我价值，无数个自我价值汇聚在一起形成了社会价值。从为社会主义培养建设者和接班人的角度来看，学生自我价值的实现是资助育人的价值根基。

二、实现社会价值是资助育人的价值导向

在人与社会的相互关系中，社会价值要求人更好地扮演价值客体的角色，要承担责任、贡献力量。高等教育要对人进行引领、促进人的发展，让人能创造更高的社会价值，但要对目前社会生活中人的价值观倾向予以足够的重视。

当前，多样化的思潮同时存在于社会生活中，人们的价值观由此具有了多元化的特征，传统思想强调的社会价值的创造，在这样的社会中受到了冲击，人们更愿意争取个人利益，希望能实现自我价值。如果不加以引导，"个人主义"和"利己主义"就会泛滥。因此，建立正确的价值观，正确地认识社会价值非常重要。第一，社会的发展依赖于社会价值的不断创造。纵观人类历史发展的历程，虽然贡献大小不一，但人类文明能有今日靠的是无数个体的贡献。所以，人类历史的发展源于个人力量的贡献。第二，社会价值的实现可以彰显个人价值。实际上，自我价值就是个人在劳动、创造等方面体现出的能力，但这种能力只有在创造社会价值的过程中才能充分体现出来。每个人在不同的环境中成长，接受了不同的家庭教育，彼此之间在自身素质、文化教养等方面都有不同，自我价值也有明显差异。在群体生活中，人与人互相影响，在竞争的同时也要彼此支持，产生了实现个人价值的诉求，渴望

自己的行为获得他人的尊重和社会的认可。

也就是说，如果想充分发挥个人价值，就需要通过创造一定的社会价值来实现，而社会价值的创造又需要社会为个人创造充分的条件，否则个人价值无法实现。这足以体现出，"自我价值"与"社会价值"是一对相依相伴的概念，不能进行拆分。在社会中，每个人都要利用社会给自己带来的有利条件生存，如果社会不存在，个人就无法生存、发展。个人创造出社会价值，但如果社会价值失去了意义，自我价值也将不存在。如果在创造自我价值的过程中违背了社会发展方向，个人的行为就会受到惩治、制裁，无法体现出自我价值。一个没有为社会发展贡献力量的人，哪怕其才华出众，自我价值也难以充分实现。

高校在为国家建设和社会发展服务的过程中发挥着举足轻重的作用。通过教育，社会"可以清楚地表达其意图，并运用自己的方式积极地朝着预先设定的目标努力，并持续地实现个人发展"①。现代教育的开展，为社会进步、改革推进带来了智慧方案，所有培养人才的行为都要与社会需要保持一致。从中可以看出，教育是培养人、造就人的，以这种方式促进社会生产力的提升，这表明自教育萌芽之日起，就要为社会发展培养需要的人才。因此，在对教育的目标进行分析时，应该是在国家与社会发展的要求之下引导个人表达主观意愿。育人是一种社会再生产机制，同时具有社会和意识形态两个方面的属性，不可能脱离国家和社会单独存在。资助育人是教育体系中的重要环节，其目的也必然是基于自身的现实国情、按照社会发展存续的要求培养人。当代中国高等教育以培养社会主义的合格建设者和可靠接班人为育人目标，以"为人民服务，为中国共产党治国理政服务，为巩固和发展中国特色社会主义制度服务，为改革开放和社会主义现代化建设服务"②为育人的指针，正是当代中国高等教育植根中国大地、符合中国国情、服务中国特色社会主义经济社会建设要求的集中体现，是资助育人的价值导向。

---

① 赵祥麟，王承绪. 杜威教育名篇［M］. 北京：教育科学出版社，2006：10.
② 习近平. 把思想政治工作贯穿教育教学全过程　开创我国高等教育事业发展新局面［N］. 人民日报，2016-12-09.

三、在个人价值和社会价值的统一中培育时代新人

依托于价值论，"以人为本"就意味着所有价值都是人的价值，即人是真正的价值主体，是形成价值的根源，更是重要的价值标准。人既是价值的创造者也是价值的拥有者，无论哪一种事物的价值，归根结底都是人的价值。在创造价值的过程中，人促进了自身发展。也就是说，创造价值是实现自我发展的一种手段。不管价值的创造是为自己还是为他人，其本质都是人通过创造"产品"的方式满足自身与社会的需要。自我价值与社会价值存在对立统一的关系，社会主义的本质要求两者紧密地结合在一起，这也是体现社会主义优越性的前提。要想实现自我价值，需要保证人的创造性、自主性能充分体现。与自我价值相比，社会价值具有更重要、更根本的、更长远的意义，只有社会价值充分实现，社会不断发展进步，才能为个人实现自我价值提供条件和基础。

因此，个人自我价值的实现是促进人发展的重要路径，资助育人应促进个人价值的实现，也要通过教育与引导让人能创造社会价值。教育的功能之一，就是把这两种价值目标进行统一，不能过于强调社会价值的重要性，更不能将其置于个人价值之前，也不能把自我价值的实现当成追求的根本。马克思认为，"人的本性是这样的：人只有为同时代人的完美、为他们的幸福而工作，自己才能达到完美。如果一个人只为自己劳动，他也许能够成为著名的学者、伟大的哲人、卓越的诗人，然而他永远不能成为完美的、真正伟大的人物"[①]。

总之，在对学生进行价值引导时，不仅要关注学生自我价值的实现，也要对学生自身的主体地位予以充分尊重。只是要求学生创造社会价值，而忽略了个人价值的重要性，学生就难以实现全面发展。教育工作者要做的就是让学生树立良好的个人价值观，努力实现个人发展。与此同时，也要引导他们协调好自我价值与社会价值的关系，培养他们的社会责任感，在创造社会价值的依托之下实现自我价值，避免"个人主义"盛行。树立良好的价值观，

---

① 马克思，恩格斯．马克思恩格斯全集：第 1 卷 ［M］．北京：人民出版社，1995：459．

促进人的自由全面发展的同时，为国家和社会培养更多栋梁之材。

第四节 资助育人的目标指向

人的全面发展是人的现实生存的最终目标。在马克思看来，人的全面发展是人的最根本、最深刻的发展，人的全面发展不仅指全面，而且包含着"自由、充分、和谐发展"三重含义，就是使人更加全面、完整，能占有自身的全面本质。对"人的全面发展"进行理解，"全面"只是其中的一项内容，还包含着另外几个层面的意思：全面发展，就是人的本质逐渐变得丰富；自由发展，强调人发展的个人意愿；充分发展重点关注人发展的程度。作为社会存在物，人的本质在其现实性上是一切社会关系的总和，只有在和谐的社会关系中，才能获得全面发展。高校资助体系含有的育人功能，旨在以各种不同的资助方式引领大学生不断地实现个人的全面发展，并为国家、社会乃至全人类实现自由全面发展而努力，为实现共产主义事业而奋斗，这正是资助育人的实践追求所在。

一、提升学生能力和素质

马克思和恩格斯在《德意志意识形态》中指出："任何人的职责、使命、任务就是全面地发展自己的一切能力。"[①] 恩格斯也指出："根据共产主义原则组织起来的社会，将使自己的成员能够全面发挥他们的得到全面发展的才能。"[②] 人的能力的全面发展，需要在社会实践活动中实现潜能的发掘、实力的增长、社会力的提升、脑力的发展等。因此，个人的全面发展就是要尽力满足各种社会需求，而且要在不同角色交替的过程中，让先天与后天的各种能力得到自由发挥。

"能力"充分体现在所有事物中，这是广义上的定义。狭义上讲，能力是

[①] 马克思，恩格斯. 马克思恩格斯全集：第 3 卷 ［M］. 北京：人民出版社，1960：330.

[②] 马克思，恩格斯. 马克思恩格斯选集：第 1 卷 ［M］. 北京：人民出版社，2012：308.

专属于人的特性。马克思认为，人的本质是劳动。只有当人类的劳动能力实现了发展，人类才能更好地发展。所以，在对人的能力发展进行研究时，要把劳动能力当成最先分析的内容。劳动既是一种本质，也是个人身上充分体现出的类特性，劳动能力是人之所以为人具备的本质力量。从某种程度上讲，由于每个人都具备一定的能力，能力就是在参与某项活动中展现出的潜能。在高等教育中，专业教育指的是学生从事特定职业所需技能的培养，强调的是工具性价值。在现实社会中，人们通过劳动这种手段谋生，于是专业教育的开展有了充分的必要性。在对人的发展进行分析时，不可能脱离现实生产力而独自开展，但如果让学生仅仅接受专业教育，专业教育就会远离教育的本质，学生就可能成为"单向度的人"。因此，在进行专业教育时不能忽略培养学生的人文精神，要把人文知识教育当成一项重要内容，关注学生的秉性发展，保证学生拥有完善的人格和全面发展的机会，这样的高等教育才能具有完整意义。

综上所述，除了提升学生的专业能力外，还需要加强学生的综合素质教育。"素质"是指在人的先天生理基础上、经过后天教育和社会环境的影响，由知识内化而形成的相对稳定的心理品质。① 从总体上看，素质主要有思想素质、文化素质、专业素质和身体素质等方面。素质教育作为德、智、体、美、劳全面发展的教育，需要面向每个学生，贯穿教育过程的始终，渗透整个育人体系。素质教育高于并统领专业教育，共同促进学生专业能力的提升，实现学生的全面发展。资助育人要以提升学生的专业能力和综合素质为导向，培养品德高尚、学业优秀、能力出众、心理健康的时代新人，全面提高学生的个人能力和素质。

二、充分发展学生的个性

人的个性是多方面能力与多项素质的集中体现，每个人与他人之间的区别就是通过个性体现的。马克思认为，人的发展需要历经三个阶段。在第一个阶段，能起到统治作用的是人的依赖关系。人的实践生产都处于孤立封闭

---

① 周远清. 周远清教育文集（二）[M]. 北京：高等教育出版社，2008：779.

的状态中。到了第二个阶段，能起到统治作用的是对物的依赖，此时的人变得独立，这就是资本主义阶段，能生产出异化的普遍性，个人关系与能力也具有了较强的普遍意义。在第三个阶段，个人不仅努力实现自身的全面发展，社会生产能力也由他们共同创造，这会为他们带来更丰富的社会财富，以此为前提实现人的自由全面发展。这一阶段，社会生产力极大提高，物质生活极大丰富，人在和谐、安逸的社会环境中，可以获得更加自由独立的发展。在这种情况下，他们将变得更加全面、自由、有个性。

人作为个体性存在，具有自身的个性。人的个性发展与人的能力发展和人的社会关系的发展关系紧密。人的个性发展是由两部分构成的，即自由性和独特性。每个人都是单个的个体，其个性发展不同于他人，体现着自身的独特性。教育是一种价值选择和追求的过程。开发人的潜能、培养人的个性是现代高等教育中至关重要的任务。在中国传统价值观中，存在着社会本位与个人本位的认识偏差，受集体主义思想的影响，把社会本位发展当成重点内容，却没有对个体本位足够重视。在时代快速发展的影响下，现代高等教育要对个人本位发展予以充分重视，尊重每个个体的个性发展。

在人的整体发展中，个性发展发挥着重要作用，这种作用具有双重性：一方面，个体意识如果能保持正确且积极，个体就能更加准确地把握并协调好自身与社会的关系，对人的发展产生正强化的作用；另一方面，个体意识如果与社会发展相违背，个体与社会之间的关系就会发生恶化、扭曲，出现个性发展的负强化作用。新时代，我国高等教育对学生的个性发展予以充分重视，引导学生积极实现个人本位的发展。尽管资助育人的最终目的是实现人的全面发展，但个性发展是人的全面发展的组成部分之一，因此必须把握好个性发展与全面发展之间的关系，要将人的个性发展与全面发展结合起来，二者之间相辅相成、不可分割，在尊重学生的差异化和特殊性的基础上，推动大学生的全面发展。同时，应意识到大学生在个性发展中会不可避免地受到多样化社会思潮的影响，如社会上存在的"拜金主义""享乐主义""精致利己主义""极端个人主义"等思想对学生个性发展带来的负面影响，要引导大学生个性健康发展。

三、和谐的学生社会关系

人的本质是一切社会关系的总和，社会关系是人的本质的现实性表现。"个人的全面性不是想象的或设想的全面性，而是他的现实联系和观念联系的全面性。"① 社会关系将对每个人的发展产生影响，关系到他们能发展到什么阶段。"一个人的发展取决于他直接或间接进行交往的其他一切人的发展。"② 通过交往，人逐渐变得完善，实现了发展，社会关系也变得越来越复杂，但人会努力协调好它。社会关系越是全面，越能说明人们在民族、地域、分工等方面突破了局限性，在各个层次、各个行业都建立了一定的社会联系。在社会大环境中，人实现了发展，并构建了不同的社会关系。人类的发展依赖于社会的进步，社会的进步也离不开人的发展，两者互为支撑。人的发展以社会发展为基石，也会因为社会关系的改变而受到制约。人的社会关系在发展中，既要注重社会关系的形成，也要求人自觉控制社会关系。人与人应该互相支持协作，参与协作的每个人都能实现能力的提升，由此全面形成人的社会关系。在自我发展过程中，人凭借着自我能力控制社会关系，充分体现出自觉性。

人的社会化发展是人的全面发展中的一项重要内容，大学生的全面发展建立在自身社会化发展的基础之上。在对大学生社会化发展进行分析时，先要对社会化、社会关系的内涵进行分析。人的社会关系包括很多方面，对大学生而言，最为重要的就是理解自身扮演着怎样的社会角色并正确认识外部社会环境。在大学生融入社会之前，最后接受的教育即为高等教育，这个阶段的教育就是要帮助他们具备融入社会的知识与能力，是促进大学生社会化发展的重要手段。大学的知识教育是基础，而资助育人需要在知识教育之外提供必要的社会教育和生活教育。只有这样，大学生才能更加顺利地在社会中立足。在大学生成长的过程中，学校的教育以及成长环境，都是大学生实

---

① 马克思，恩格斯. 马克思恩格斯文集：第8卷 [M]. 北京：人民出版社，2009：172.

② 马克思，恩格斯. 马克思恩格斯全集：第46卷：上册 [M]. 北京：人民出版社，1979：109.

现社会化发展的重要影响因素。

在高等教育的育人体系中，学生接受的奖学金、助学金、助学贷款都来自国家和社会，资助工作天然使学生与社会产生联系。这种联系还将伴随学生走入社会，如助学贷款需要学生工作后进行还款。此时，学生已经成为社会人，需要履行相应的责任和义务。借助这样的角色关系，对大学生社会关系进行培养与引导，帮助学生处理好原生和次生的社会关系，调整和适应社会角色的变化，是资助育人对学生进行社会关系教育的重要着手点。大学生的社会化发展在受到自身和学校教育影响的同时，也会受到家庭、同辈及社会大环境的影响。通过对这些因素进行干预，帮助大学生完善社会关系，可以帮助学生实现全面发展。

总之，资助育人是关乎"人"的事业，从马克思主义人学的视角对资助育人的理论基础进行阐释，可以更好地理解、把握资助育人中"人"的特质。人的需要是资助育人产生的逻辑起点，人本质中的可塑性、社会性和实践性为资助育人的实现提供了依据和条件。资助育人的价值旨归在于实现个人价值与社会价值相统一，并以实现学生的全面自由发展为终极目标指向。马克思主义理论以"人"本身的特性为高校资助育人研究发展提供了学理支撑，也为资助育人的实践推进提供了重要的思路和启迪。

第三章

高校资助育人的现状分析

高校资助育人工作经过多年实践探索，在育人观念、育人原则、资助格局、育人实践等方面都取得了很大进展，积累了一定的历史经验。资助育人主体活力得到了一定程度的激发，资助育人内容日渐丰富、资助育人方式不断创新、育人场域渠道更趋多元、社会资助育人氛围渐浓。各地方、各高校根据自身情况积极探索，各类资助育人活动百花齐放，营造出一幅生动鲜活的育人图景。但不可否认的是，由于资助育人在我国正式提出时间不长，无论是学术研究还是实践都还有很大的发展空间，构建中国特色资助育人模式还需要从实践维度对存在的问题及原因加以审视和分析，从构成要素、实践方法与实施成效等方面对现状进行分析，梳理"真经验"，找准"真问题"，探究"真原因"，唯有如此，才能够从根本上破解资助育人困境，从而为顺利推动我国资助育人实践发展提供更加科学有效的路径支持。

第一节　资助育人之"资助政策"实施现状

资助育人需要在政策的框架和规定下开展，资助政策是否科学、完善直接决定了资助育人能否科学有效进行。科学合理的资助政策是保障资助育人工作有效开展的前提和基础，充足、公平和效率是政策设计的目标追求。

一、高校资助政策的充足性分析

政策的充足性主要可以从横向和纵向两个维度进行分析。横向分析体现政策的覆盖面，纵向分析体现政策的力度。具体到资助政策，可以从政策体系的完善性和资助力度两个方面考察。

（一）资助政策体系的构成

通过不断调整和完善，我国高校学生资助逐渐形成了多种奖励政策相融合的现代化助学模式，资助标准也在趋于完善。一方面，当前我国高校学生资助政策针对的是家庭经济困难、品学兼优的学生等群体，其目的是帮助这部分学生完成学业，解决他们在生活与学习中面临的学费和住宿费方面的困难。同时，针对特别贫困的学生，还搭建了"绿色通道"，使得贫困生即使无法缴纳学费也可以办理入学。另一方面，现有资助政策从国家战略层面出发，发挥了良好的宏观调控和政策导向作用。如对农、林、水、地、矿、油、核等专业的资助政策倾斜，扶植了国家需要的相关专业，优化了学科专业结构。对毕业后到艰苦地区和艰苦行业工作的高校毕业生，实行国家助学贷款代偿政策。高校学生在校阶段形成的贷款，国家负责代为偿还，这样有利于引导学生在毕业后投入艰苦的基层单位工作，促使人才流动更趋合理，加强人才的梯度和批次。此外，针对高校学生的资助政策具体实施方面，不同高校的具体做法存在一些差异，但都遵循国家出台的办法和措施。在相关规章制度不断完善的条件下，针对家庭经济特别拮据的学生，在助学的基础上还打通了"绿色通道"，使之能够通过国家贷款完成学业，并在学费和住宿费等方面实施减免。从政策体系的结构上看，我国高校已形成了"奖、助、贷、勤、补、减、免""七位一体"的多元混合资助模式，构建了"纵向到底、横向到边"的帮困资助格局，建立了相对完善的帮困资助政策体系。

（二）资助政策的资助力度

分析资助力度主要是对资助的覆盖面和人均受助金额进行考察，可以从资金投入的总量、资金来源构成以及资助资金的覆盖面三个方面进行分析。总体看来，近年来，我国持续加大资助投入，资助力度无论是总体投入还是人均标准都有大幅度提高。

首先，从资金投入看，我国现行资助政策体系在不断加大资金投入力度，资助金额水平逐年攀升。以 2017—2021 年的数据为例，我国高等教育阶段资助总资金投入从 2017 年的 1050.74 亿元逐年攀升到 2021 年的 1450.40 亿元，同比增长38.04%。受助学生人均被资助金额由2017年的2457元逐年攀升至2021年的3694元，同比增长50.34%（具体数据详见图1、图2）。具体来看，自2019年开始，我国本科生国家奖学金在原来每年50000个名额的基础上增加了10000个名额，这些名额都被用于全日制高职院校学生，同时划定了相应的奖励标准，即8000元/年。高职院校的国家励志奖学金覆盖面也有进一步扩大，扩大幅度达到10%，由先前的3%扩大到3.3%，资助金额达到5000元/年；同时，在助学金方面，也同样上浮10%，由原来的3000元/年增至3300元/年。在助学贷款方面，从2021年9月起，全日制普通本专科学生（含第二学士学位、高职学生、预科生）每人每年申请贷款额度由不超过8000元提高至不超过12000元，全日制研究生每人每年申请贷款额度由不超过12000元提高至不超过16000元，并明确国家助学贷款优先用于支付在校期间的学费和住宿费，超出部分可用于弥补日常生活费。动态调整的资金投入力度对于资助政策的合理性和充足性都有很好的推动效果。

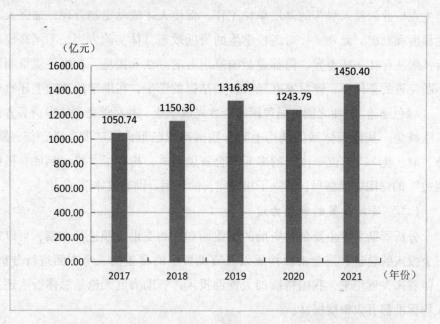

图1　2017—2021年我国高等教育阶段学生资助总额

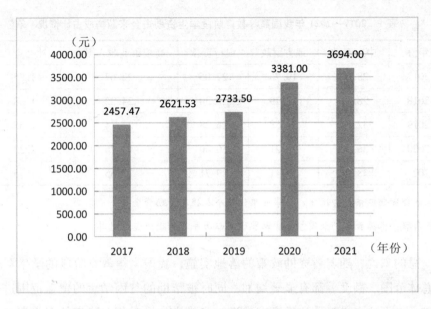

图 2　2017—2021 年我国高等教育阶段学生资助人均受助金额

其次，在资金来源方面，确立了以中央和地方财政为主导，多方共同承担的资金分担机制，保障了资金来源相对稳定合理（详见表 1）。对于国家层面的奖、助学金，由中央财政进行统一划拨，而地方高校中的奖、助学金，则由中央和地方共同承担。① 根据中央文件的精神，不同地区应该考虑本地区的实际情况，合理安排高校学生进行勤工助学，并且有效提供"三助"岗位，实现校内资本和社会资本的多元融入，使整个奖、助学金系统更加健全。国家规定，高等院校每年需要从学校的事业性收入经费中足额提取 4%～6% 作为资助工作专项经费；同时，倡导社会力量积极参与捐资，通过设立奖、助学金、专项基金、提供社会资源等方式参与资助工作。

----

① 按照本专科生每生每年 3000 元、硕士研究生每生每年 6000 元、博士研究生每生每年 13000 元的标准，不区分生源地区，第一档中央财政负担 80%，第二档中央财政负担 60%，第三、第四、第五档中央财政分别负担 50%、30%、10%。第一档包括内蒙古、广西、重庆、四川、贵州、云南、西藏、陕西、甘肃、青海、宁夏、新疆 12 个省份，第二档包括河北、山西、吉林、黑龙江、安徽、江西、河南、湖北、湖南、海南 10 个省份，第三档包括辽宁、山东、福建 3 个省份，第四档包括天津、江苏、浙江、广东 4 个省份和大连、青岛、宁波、厦门、深圳 5 个计划单列市，第五档包括北京、上海 2 个直辖市。

表1　2017—2021年我国高等教育阶段学生资助资金来源构成占比情况　单位:%

年份	中央财政	地方财政	银行贷款	高校事业收入提取	社会资金
2017	28.67	19.76	27.05	22.67	1.85
2018	28.31	17.79	28.30	24.22	1.38
2019	32.35	17.58	26.28	22.14	1.65
2020	36.30	16.21	30.40	14.76	2.33
2021	38.08	18.41	29.71	12.65	1.15

注:社会资金包括社会团体、企事业单位及个人捐助资助资金。

资料来源:根据教育部全国学生资助管理中心历年工作报告整理计算。

总的来说,随着新资助政策的落地实施,我国高等教育阶段的学生资助的总体范围、额度等都有显著增加,同时被帮助的贫困学生的覆盖范围进一步扩大,而这也必然导致教育支出进一步扩大,形成相对稳定的多头资金分担机制,对促进教育公平起到了积极的作用,资助政策在总体上充分完备。但进一步分析各方资金组成的内部结构发现,社会团体、企事业单位及个人捐助在五年间占比呈总体下降趋势,并且五年间最高水平也仅占比2.33%。相较于财政支出、银行贷款和学校事业经费支出提取,这部分资金占比最低,且与其他几类资金相差较大。尽管在政策设计上,中央财政从2009年起设立了中央高校捐赠收入财政配比资金。地方高校和部分省份也设立了地方高校捐赠收入财政配比资金,其中,浙江、山东、湖北、海南、北京、广东、深圳等多个省市出台了地方高校捐赠配比政策,用以支持地方高校发展。但从目前的情况看,社会资金占比仍然较少。各级财政还需要继续通过完善社会捐赠收入财政配比政策,引导和鼓励各级各类高校吸引社会捐赠。应引导和鼓励中央与地方高校拓宽资金来源渠道,健全多元化筹资机制。

二、高校资助政策的公平性分析

对于教育不公平问题,最重要的是通过政府政策手段施加干预,以此实现更加充分的调节作用。对资助公平性的考察,最直观的是对现行政策及落实情况着手分析,从资源的内部分配机制入手,考察资助政策及资源具体落实在不同地区、不同学校的差异性。

（一）地区资源分布

首先，国家在分配总体教育经费投入时充分考虑了中西部地区、薄弱环节和困难地区，根据各地不同的经济情况实施不同的资金政策，较好地促进了高等教育公平。以 2020 年为例，国家用于中西部地区的高校改革发展资金占比达 84%。① 按照中央与地方财政共同分担学生资助经费的模式，中央与地方按比例分担地方高校资助经费，中央对经济欠发达地区担负的比例相对更高。根据各地生源情况及当地经济发展水平，分担比例分为五档，经济发展相对滞后的地区中央财政支出所占比例更多，如青海、宁夏、内蒙古、广西、云南等，其中，12 个省份占中央财政负担总额的 4/5，而北京、上海两地中央财政负担仅占比 1/10。其次，重点关注脱贫攻坚地区和各类特殊类别的困难学生。比如，对"三区三州"② 地区在政策和资源上予以倾斜。教育部 2019 年和 2020 年的资助工作年度报告显示，"三区三州"地区的资助被单列。2019 年，该地区各类奖学金受惠人数达到 1.66 万人次，支出总额达到 0.41 亿元。2020 年，这一地区资助普通高校学生 36.96 万人次，资助金额共计 13.84 亿元。又如，对"五类家庭"的贫困学生以及 52 个未摘帽贫困县的贫困学生实施精准帮扶、重点资助。这些举措都有力保障了相对贫困地区学生的受教育权利，有效推进了教育公平。

（二）校际资源分布

首先是学校运营总经费存在较大差距的问题。教育部明确指出，"中央财政通过中央高校预算拨款体系和支持地方高校改革发展资金支持各级各类高

---

① 关于政协十三届全国委员会第三次会议第 4380 号（教育类 404 号）提案答复的函 [EB/OL]. (2021-08-15). http：//www. moe. gov. cn/jyb_ xxgk/xxgk_ jyta/jyta_ cai-wusi/202010/t20201028_ 497052. html.

② "三区"指的是西藏自治区和青海、四川、甘肃、云南四省藏区及新疆南部的和田地区、阿克苏地区、喀什地区、克孜勒苏柯尔克孜自治州四地区；"三州"指的是四川凉山州、云南怒江州、甘肃临夏州。习近平总书记在《关于全面建成小康社会补短板问题》中是这样描述的："三区三州"地区，贫困人口较为集中，自然条件极端恶劣，脱贫攻坚任务最重，是"短板中的短板"；"三区三州"是事关中国能否全面建成小康社会的"关键之地"，是最难啃的"硬骨头"。

校发展。在分配资金时，重点考虑在校生人数、校舍面积、学校数量、困难程度等基础性因素，在保'人头'、保运转、保资助等方面对'双一流'高校和非'双一流'高校一视同仁，较好地支持了各级各类学校不断提升教育质量和水平"。① 而实际情况是，在各高校公布的每年预算经费数据中，各高校间差异巨大。以 2021 年数据为例，教育部直属的 76 所高校中，有 13 所学校预算超百亿元，其中，清华大学居首位，年度预算高达 317.28 亿元；而中央戏剧学院，排第 75 位，年度预算经费仅为 4.86 亿元。② 由于各高校学生规模不同，生均经费则更能直观反映差距。在年度生均预算经费统计排名中，排名第一的清华大学生均经费为 62.96 万元，而排第 75 位的中央戏剧学院生均经费仅为 6.84 万元。如果中央预算资金分配对不同高校一视同仁，那为何学校间会有如此巨大的经费差异？根据各个高校的财务预算情况可以看出，高校的预算收入主要由三部分构成，分别为财政拨款、事业收入和其他收入。这种高校之间形成的差异，主要是由事业收入、其他收入两个方面导致的。事业收入指的是高校通过自身的科研、教学、辅助活动等形成的收入，其他收入则主要指除了上述两个方面以外的收入，如利息收入、捐赠收入等。一方面，根据我国资助政策规定，公办普通高校要从事业收入中足额提取 4%~6%的经费用于资助学生。③ 巨大的事业收入差距必然导致不同学校用于资助学生的经费数额差异较大。另一方面，不同学校吸引社会捐赠的能力不同，导致社会资金资助的分配极度不均。基于此，就读于不同学校的学生能享受到的资助项目和金额也必然存在较大差别。

三、高校资助政策执行效率分析

为使针对高校学生的资助充分体现出公平性和高效性，政府着力发展

---

① 关于政协十三届全国委员会第三次会议第 4380 号（教育类 404 号）提案答复的函 [EB/OL]. (2021-08-15). http: //www. moe. gov. cn/jyb_ xxgk/xxgk_ jyta/jyta_ cai-wusi/202010/t20201028_ 497052. html.

② 截至数据统计之日，仅有国际关系学院一所高校预算数据未公布，故参与统计的只有 75 所高校。

③ 关于印发《学生资助资金管理办法》的通知 [EB/OL]. (2021-08-16). http: //www. moe. gov. cn/jyb_ xxgk/moe_ 1777/moe_ 1779/201906/t20190604_ 384357. html.

"精准资助"，大大提升了资助资金的使用效率。站在政策评估的层面看，学生资助本身属于政府围绕扶贫开展的无条件的现金转移支付，目的是让家庭拮据的学生完成学业，同时通过物质帮扶和奖励，激励学生刻苦努力，实现更好的发展。要保障学生资助政策的实施效率，一方面在政策实际执行层面需要有科学、合理的实施方案和工作办法，便于中央政策的落地和执行，保证资助政策的精准性；另一方面要有相应的监督和评价机制，便于监测政策实施效果，查缺补漏，及时发现并矫正问题。

（一）政策的具体实施现状

为了保证学生资助的效率，就要实现"奖优"和"助困"与符合条件的学生精准匹配。基于政策评估的方面来看，精准助学的意义在于能够实现相对更低的遗漏率和泄漏率。① 现行的资助实施模式是学校和各二级学院层层制定评定办法和实施细则，然后在院系组织下，由辅导员或资助管理专门工作人员进行具体落实。在资助额度和比例上，研究生奖助的部分权利是下放到高校的。各高校可以结合自身情况，对奖学金和助学金方面的比例进行自主调整，并且可以适当提高额度。

由于高校、学科、学历层次和所在地区的具体情况不同，很难有统一的评定标准，即使是同一个学校内，不同院系、不同学历层次的资助评定标准也很难统一，具体的评定办法和实施细则在科学性、合理性上很难保证在同一水准上。加之资助工作涉及多方面因素，考评标准除了"硬性标准"外，还有一部分不易量化评估的"软性标准"，因此，资助政策在实际执行过程中，会造成一定的遗漏率或泄漏率。比如，对研究生助学金助学效果产生影响的主要是两个方面，一是贫困与否，二是获得贫困资助与否。在判定贫困与否时，主要是按照双指标法具体实现的，即主要是根据相应的贫困线为标准。得到贫困资助与否，主要是从学生层面考虑，看其是否已经获得贫困资助。在对样本实施分类时，同样要围绕这两个核心展开，并由此形成四种类型，即"应助已助""不应助未助""应助未助""助不应助"。对于瞄准所取

---

① 杨钋，刘霄. 研究生收费前贫困资助政策的瞄准和减贫效果分析：以首都高校研究生为例 [J]. 教育与经济，2019（2）：78-87.

得的效果，在进行衡量时通常选择"泄漏率"这一指标，即非贫困生获得贫困资助的情况，也就是"助不应助"的占比。按照北京大学在2014年对首都高校学生发展情况统计调查结果来看，研究生资助政策的泄漏率为44.8%（详见表2）。从研究生资助政策的具体实施看，泄漏率相对较高时，是瞄准率目标未达成。也就是说，精准资助的前提是低泄漏率，但这显然在实现的过程中并不理想。对于泄漏率存在的问题，主要涉及两个方面：一方面，贫困资助瞄准性不强，很多应被资助的学生并未被覆盖，或者被资助的效果不理想；另一方面，研究生贫困资助没有根据相应标准严格实施，分配环节出现问题，指导原则失效或选择错误，造成很多研究生应该被资助却没有被资助。

表2　2014年首都高校研究生资助政策执行效率情况　　　　单位：%

指标	全样本	学术硕士	专业硕士
贫困率	20.40	20.60	19.40
应助已助	12.50	13.40	9.80
不应助未助	34.60	31.40	43.20
应助未助	8.10	7.50	9.30
助不应助（泄漏率）	44.80	47.60	37.70
贫困资助比例（覆盖率）	56.30	59.90	47.20

资料来源：北京大学《首都高等教育质量与学生发展调查》。该调查每年进行一次，奇数年进行对研究生的调查，偶数年进行对本科生的调查。

（二）政策监督和评价机制

完善科学的评价机制能够客观反映高校资助工作的执行情况，并能对其教育资源配置作用和施策精准度做出评价。近年来，教育部学生资助管理中心和各省市教育行政管理部门每年都会对所属高校的资助育人工作做出评价，通过自行构建的评价体系对工作任务完成情况进行评分或评级。现行评价模式主要分为三种。

第一种评价模式是由各高校资助管理部门提供评价指标中的相关材料，由教育主管部门或第三方机构进行材料核查和评分定级。此类模式的代表有教育部、北京、广东等。以教育部为例，其评价体系包括基础建设、工作实施、工作成效和附加调查 4 个一级指标，涵盖 15 个二级指标。在基础建设方面，分为机构建设、队伍建设、制度建设 3 个二级指标；在工作实施方面，分为政策落实、全国学生资助管理信息系统应用、资助育人、资助宣传和监督管理 5 个二级指标；在工作成效方面，分为资助水平、发展型资助、经费筹措力度、贷款质量、育人成效 5 个二级指标；附加调查包括工作创新与配合、负面效应 2 个二级指标。此外，还有 40 个三级指标和 70 个四级指标。评价方式为各高校通过系统提交材料，委托第三方机构（北京大学光华管理学院）进行审核和研究分析。主要从高校资助工作完成情况的角度入手，兼顾过程评价和结果评价，注重评价结果的应用，有助于督促各高校对标完善以及后续的数据管理和结果应用等工作，对于反思和提升资助育人工作具有重要意义。

第二种评价模式是对资助育人的对象进行调研，通过受众反馈的方式进行评价。如通过访谈、走访、问卷等形式，获取受助学生或其家庭及教师的反馈，以检验资助育人成果。以安徽为例，安徽高校资助育人在评价体系方面遵循的是"高校·家庭·社会·自我""四位一体"评价指标体系。在具体评价的过程中，由辅导员评价、非受助学生评价、受助学生自评、受助家庭评价、用人单位评价等 5 个一级指标组成，并下设 20 个二级指标。第一，辅导员评价。针对资助育人工作的一线辅导员，其评价指标主要为受助学生的感恩意识和责任意识是否有所提高，受助之后是否更加励志，学习目标是否更加明确，对受助学生的勤俭节约的认同率如何。第二，非受助学生评价。非受助学生评价主体包括学生干部、班级评议小组成员等。在评价指标方面，主要是贫困学生的具体情况是否满足获得助学金的条件，也包括对学生受助后的感恩意识、责任担当等进行考察。第三，受助学生自评。其评价指标主要为所受资助与自身情况是否对等，是否比以前更努力学习，对就业目标是否更加坚定，是否应该更多地为班级和社会服务。第四，受助家庭评价。对受助学生家长，其评价指标主要为，学生在受到助学贷款帮助后，在家领取的生活费与先前比较是否有一定的减少，受助学生对父母是否孝顺，家长对学生学业是否给予更多关注等。第五，用人单位评价。评价主体涉及用人单位的领导和同事，主要涉及岗位胜任与否、诚实守信与否、言行一致与否等，在岗位工作中是否有使命感和责任感，是否有理想、有信念，对事业是否充满激情；受助学生是否勤俭节约、合理消费，是否积极参加公益活动如无偿献血、捐款等。

第三种评价模式是由高校资助管理中心自评与学生评价相结合的方式。各高校依据评价指标体系提供本校工作材料，并由省级资助管理部门随机抽查、走访学生，与调研结果相结合得出总体评价结果。以江苏为例，学生资助绩效考核指标体系包括基础建设、政策落实、过程管理、资助育人、满意度及工作创新等5个一级指标和26个二级指标。指标体系计分方法主要包括绝对值赋分、排序法、层差法、说明法、比率法等。绝对值赋分指根据该单位指标数值（内容）直接赋分；排序法指根据该单位指标数值在江苏的排位情况赋分；层差法是以目标值为基准，分为几个区间，每个区间设置对应得分；说明法是指对指标值可能出现的几种情况进行说明，每种说明设置对应得分；比率法指根据该单位指标的完成比率赋分。另外，江苏学生资助管理中心每年面向省内高校开展学生资助基本情况在线问卷调查，以期了解学生资助基本情况及学生对资助工作的满意度，为改进和完善学生资助工作的决策提供依据。

由于资助育人工作特殊、评价难度大、评价内容宽泛，我国高校资助育人工作还未形成一套成熟完善的评价方案。但经过多年探索，我国高校资助育人评价机制已经越来越受到教育主管部门、高校和学界的重视。科学合理的评价机制的多维度功能与作用已得到广泛认同，并积累了大量的实践经验，推动着评价机制朝全面多元、交互开放的方向发展。

第二节　资助育人之"育人功能"发挥现状

从系统论的角度讲，要素是构成特定系统与活动必不可少的因素或元素。资助体系育人功能的发挥取决于育人要素对育人系统和育人活动产生的积极作用。也就是说，系统运行的有效性依赖于系统中各要素能否在系统运作过程中发挥正向作用，以及要素间相互作用能否产生正向的合力。对资助系统"育人功能"的现状考察，需要对育人系统的基本要素进行考察。高校资助育人系统的要素，即构成资助育人活动的基本元素，应包括教育者、受教育者和教育介体。资助育人在本质上是人与人之间的实践活动，是一种主体间的实践活动。教育者与受教育者在一定程度上都是育人活动的主体，都需要发挥主观能动性且相互作用，很难将其简单地划分为哲学范畴的主体和客体。因此，我们在下面的讨论中，将根据其在育人活动中扮演的角色，从实践的范畴将其表述为资助育人者、资助育人对象和资助育人介体，并从这三个方面考察资助育人工作"育人功能"的发挥现状。

一、资助育人者的作用发挥

资助育人者，即在资助育人活动中组织、发动和实施育人实践活动的人。不管是从学生资助经费来源还是从学生资助责任来看，政府、高校、银行和社会力量都是学生资助育人者的主体。高校是资助育人者的主导力量，校外力量则是资助育人者的重要组成部分，是学校资助工作的重要协同力量。资助育人的育人功能既要彰显校内资助育人者的主导作用，也要善于调动和发挥校外资助育人者的参与作用，这些育人主体各司其职、互相补充、协调统一、形成合力，共同构成立体化的资助育人体系。但仍有一些问题值得深入思考：这些主体各自承担着怎样的育人责任；以怎样的形式参与资助育人；在资助育人中发挥了怎样的作用，成效如何？厘清这些问题对于我们更好地认识资助育人的实践现状具有重要意义。

（一）高等学校

高校资助工作伴随高等教育的发展而产生，高校是资助育人最主要的场所和最直接的主体。加之高校和高校教职工本身的教育职能属性，决定了其在为学生提供多元化资助帮助的同时，还是育人工作最直接、最重要的主体，对于资助体系育人功能的发挥起着至关重要的作用。高校要充分发挥资助育人的作用，需要做好以下几点。

一是做好学生的日常资助管理工作。日常资助工作是学校资助育人的基础工作，也是通过资助发挥育人功能的前提条件。首先，资助经费获取渠道的多元化。从我国高校学生资助体系的层面出发，资金来源主要包括政府提供的财政支持、学校事业经费提取、银行提供的贷款和社会力量的捐赠。高校不仅应按照国家规定的比例提取专项经费用于资助育人工作，还需要开发社会捐赠、校友捐赠等多种途径丰富资助资金的来源与经费数量，并加强资助经费管理，提升资助资金的使用效率。其次，构建本校特有的学生资助体系。在国家政策框架下，各高校还需要根据自身情况设置本校的资助体系，并需要随着上级文件的修订和实际工作情况，不断地修订和完善。最后，做好资助政策体系的落实工作。按照国家要求，目前高校普遍已建立了包括"奖、贷、助、补、勤、减、免""七位一体"的资助政策体系，这些政策体系的落实和实施是高校资助工作的重要组成部分，其中包括各类奖学金评选、资助项目的评定、家庭经济困难学生认定和各类资金的发放等工作，这些工作对科学性、精细化和公平性有着很高的要求，也是高校普遍非常重视的工作。近年来，各地区、各高校也在资助工作的科学、精准和公平方面做出了很多探索和努力，如运用大数据技术手段根据学生消费情况精准识别和认定家庭经济困难学生；在奖学金评定方面强调破"五唯"，注重对学生综合素质的考察；通过家访、民主评议、强化监督反馈机制等多种手段识别家庭经济困难学生等。

二是建立学生资助育人工作机构和工作队伍。在目前的资助育人实践中，高校资助育人的工作队伍主要包括三个部分。第一部分是高校学生资助管理中心。在相当长一段时间内，我国高校并未专门设置用于开展和实施资助工作的机构，而这一工作的开展基本上都是由学生工作部门负责。2006 年出台的《教育部关于进一步加强高等学校学生资助工作机构建设的通知》中要求各高校必须设置专门的学生资助管理中心，同时要指派专人对资助工作全权负责。① 作为在高校内部开展资助工作的主要执行机构，学生资助管理中心内部工作人员必然是高校资助育人任务的直接承担者，主要负责各类奖助工作，制定学校资助育人政策文件，建立多元化的助学服务体系，推动学生资助工

---

① 教育部关于进一步加强高等学校学生资助工作机构建设的通知［EB/OL］.（2021-08-29）. http://www.moe.gov.cn/s78/A04/s7051/201006/t20100608_ 181282.html.

作的转型，由先前的保障型向促进型转变①，从整体上使资助育人的专业水平进一步展现出来。第二部分是高校辅导员，要充分发挥其在思想政治层面的积极影响。作为参与一线教育的骨干力量和中坚力量，高校辅导员必须将资助育人真正落实到位，对辅导员在奖学金和助学金的评选、发放、使用等方面进行监督，可以使其在资助学生学习与发展方面能够真正取得实效。② 第三部分是校内其他教职工。高校全员育人的要求和高校资助育人的属性使高校管理人员、专任教师等也参与到资助育人中。就目前的情况来看，高校资助工作存在一定的事务性特征，导致当前普遍存在"高校资助育人仅仅是资助工作部门或辅导员的事"的观点，因此这部分育人主体的育人作用发挥还比较有限。比如，在勤工助学工作过程中，各用人单位仅以单纯的"用人"关系代替了"育人"关系，依托勤工助学岗位对学生的责任意识、敬业精神、人际沟通能力等进行教育引导方面十分缺乏。教师在给学生布置任务时，仅让其完成一些体力劳动或者是重复性劳动，缺乏整体育人规划。而在学生完成岗位工作并给予其一定报酬时，只关注学生是否完成了交付的任务，而不关注学生在完成任务过程中是否有成长和发展。在对学生进行评价时，采用简单的等级评价或是笼统的总体评价，对于学生的表现缺少细致的关注和复盘，缺少了应有的教育和引导。又如，专任教师和导师，虽然对于具体的资助事务并不直接参与，但是可以在日常教学活动中向学生进行思想上的灌输，使学生感受到国家对学生的帮助，以及国家在教育方面的公平公正。同时，专任教师还可从社会主义制度优越性的层面，让学生充分认识到国家资助政策的重要意义，也是帮助贫困学生顺利完成学业的一种鼓励和期望。

　　三是持续探索和推进资助育人工作。学生资助工作具有鲜明的时代特征，新时代高校学生资助的价值旨归是实现学生个人价值与社会价值的共同发展，目标指向在于培养全面发展的人才。作为"十大育人体系"的关键构成部分，资助育人要实现的根本目的是立德树人。要实现资助育人的内涵式发展，不

① 山东省教育厅关于进一步加强高等学校家庭经济困难学生资助工作的通知 [EB/OL].（2021-08-29）. http://edu. shandong. gov. cn/art/2014/5/9/art_ 107055_ 7735057. html.
② 普通高等学校辅导员队伍建设规定 [EB/OL].（2021-08-29）. http：//www. moe. gov. cn/srcsite/A02/s5911/moe621201709/t20170929_ 315781. html.

仅要让家庭拮据的贫困大学生拥有和普通学生同等的学习机会，还应使精准资助模式得到进一步完善。从"育人"的角度出发，新时代我国高等教育也应有新气象，"育人"功能也要更加突出地展现出来，要在理念方面进行创新，不断改进和优化运行的机制，对育人内涵展开更深层次的挖掘，更加准确地把握学生全面发展的个性化需求，为家庭经济困难学生提供更好的发展机遇。

经过多年的探索，资助育人的理念已经在各高校广泛开展积极实践，许多地方和高校已经摸索出了一些资助育人的模式，形成了一些典型经验，并产生了较好的效果。如清华大学的"鸿雁计划"、东南大学的"四措四准"精准资助工作机制、广西师范大学的"金凤计划"等典型案例和育人模式。通过这些育人模式的构建，给家庭经济困难学生提供了思想引领、学术发展、海外实践、素质拓展、心理辅导、就业创业等方面的指导和帮助。这些探索和实践对于资助育人对象个人价值的实现和全面发展起到了重要作用，达到了很好的育人效果，也彰显了近年来高校在资助育人方面发挥的积极作用和工作成效。

（二）政府部门

在我国现行的高校学生资助育人工作体系中，政府承担着重要责任，是重要的参与主体。首先，政府参与高校学生资助工作具有合理合规性。从政府职能理论来看，资助贫困学生是政府公共职能的重要组成部分。政府要始终遵循公平、平等的教育理念，使每个学生都能拥有平等受教育的机会，确保贫困学生在高校中也能身心健康地成长。在社会经济不平等、家庭经济困难仍是阻碍大学生入学重要因素的背景下，对学生提供必要的经济援助是维护高等教育机会均等、促进教育公平、保障受教育者权利的重要手段。高等教育具有准公共产品属性，国家发展高等教育，需要政府加大财政拨款与资助力度。政府对高等教育的资助通常有资助高校和资助学生两种方式，形成相应的拨款机制和学生资助制度，构成了高等教育财政制度的重要组成部分。政府参与高等学校学生资助工作，既可以满足社会公共利益的需要，还可以弥补学生个人因家庭贫困带来的资金投入的不足。其次，政府参与学生资助工作，可以促进社会阶层合理流动。政府为家庭经济困难学生提供经济援助，有助于贫困学生通过教育获得自我发展，把他们摆脱贫困的希望变成现实。只有这样才能真正从根源上解决贫困问题，提升整体国民文化素养，增进社会和谐稳定。再次，政府资助学生是推进教育公平、保障和改善民生的应有之义。多年来，党和政府高度重视高校学生资助工作，不断优化整个资助体系，让受助学生能够充分认识到国家在教育方面的巨大投入。同时，积极做好民生保障工作，避免生活拮据家庭因为子女完成学业陷入进一步的贫困中。最后，政府加大对高等教育学生资助工作的投入也是消除教育差距和教育不公、对教育弱势群体进行帮扶和补偿的重要举措，彰显了政府执政为民、务实解决人民群众实际问题的执政理念。政府在高校学生资助方面的工作和功能发挥，主要体现在建构制度、完善体系、投入经费、健全机构、宣传政策等五个方面，具体如下。

一是建立国家学生资助工作制度和管理办法，为资助工作提供依据和遵循。为使贫困家庭学生不因家庭拮据而无法完成学业，政府要从政策层面给予保障，不让大学生因为家庭的贫困和拮据而"掉队"。同时，对贫困学生资助过程中的各环节，也要以制度为核心加强建设，对助学工作进一步规范和细化，如完善奖助学金管理条例等，以制度的公开透明让被资助的学生更加深刻地认识到教育的公平，其中，涵盖名额分配、评审的办法和依据、组织程序等。制定奖助学金发放和资金管理制度，明确资金发放条件和办法，确保资金及时、准确、足额地发放到受助学生手中，杜绝虚报冒领、克扣、滞留、挪用等情况的出现。此外，政府相关部门还需要制定和完善其他相关配套制度，如家庭经济困难学生认定制度、资助工作队伍建设制度、国家助学贷款财政贴息和风险分担与补偿制度、学生贷款后跟踪管理制度、社会力量捐款助学激励和管理制度等。

二是构建全覆盖、立体化的资助体系，引导学生实现理想抱负。为切实保障人民群众受教育的机会，让家庭经济困难学生上得起大学，政府要发挥其在学生资助体系中的主导作用，建立全覆盖的国家助学体系，为学生提供多样化的资助。国家奖助学金政策除了覆盖公办高校以外，还要将民办高校纳入，使其中经济拮据的学生也能享受到不同形式的政府资助。政府应设立国家奖学金、国家助学金、国家助学贷款、退役士兵资助、免费师范生资助、基层就业学费补偿、新生入学资助等多个政府助学项目。整个助学体系通过政策引导学生将个人价值与社会价值相结合，投身国家和社会的发展建设。

三是不断加大学生资助财政投入，持续提升我国高校学生资助水平。政府财政投入是国家学生资助资金很多类别的主要来源。从资金来源上看，尽管有社会力量出资和银行贷款，但政府仍是对学生最主要的资助者，其资助力度和覆盖面是其他社会力量无法比拟的。近年来，为了提升高校学生资助水平，国家提出，资金可以由中央与地方政府共同分担，根据公共财政体制的要求，地方政府要加大投入力度，做好预算工作，以公共财政保障高校学生资助水平。同时，根据经济发展水平和财力状况，逐年增加助学经费投入，不断提高资助水平。

四是设立学生资助管理机构，提高资助工作有效性。为了研究和制定贯彻落实普通高等学校资助政策，指导和检查高等学校国家奖助学金的评选与发放工作，协助经办银行做好学生贷款的申请、发放和回收工作，成立相应的专门机构来管理和协调各类学生的资助工作是必不可少的。在教育部成立国家层面的学生资助管理中心，统筹管理和协调全国高校学生资助工作。在地方成立省级、市级和县级学生资助管理机构，归口管理辖区内学生资助工作。明确各级管理职责，指导、监督和管理所在辖区高校开展资助育人工作，并对所辖各级资助队伍进行培训，提升资助人员业务素养，为贯彻落实国家资助政策提供组织保证。

五是进行学生资助政策宣传，推动资助政策深入人心。首先，利用多种形式、多种渠道进行学生资助政策宣传。如每年教育部都要求各省（自治区、直辖市、计划单列市）教育行政部门、各中央高校及地方高校全面开通高校学生资助热线电话。在录取时，随录取通知书发放资助政策宣传材料，向即将入学的新生普及资助政策。其次，利用各种平台及时宣传高校助学举措、经验及取得的育人成效。为高校资助育人工作者提供参考和思路，营造良好的资助育人风气及资助育人氛围，争取社会各界对资助工作的支持，广泛吸纳社会优质资源支持学生资助工作。最后，举办各类育人活动。如教育部学生资助中心"助学·筑梦·铸人"主题作品征集活动、"千校万岗·精准帮扶"就业专项服务行动、"国家助学贷款助我成长"主题征文活动等，充分体现了国家学生资助政策的人本情怀，展示了学生资助政策在国家发展、社会建设中的作用，在资助育人工作中发挥了重要作用。

（三）金融机构

金融机构是资助育人的重要校外主体。金融机构的主要任务是高校学生助学贷款的审批与发放。这是政府政策推动和财政激励的结果，也是其积极承担社会责任的表现。对政策性银行而言，承担国家助学贷款业务是其履行自身职能的内在要求。金融机构在学生贷款方面的职责主要体现在审批发放、防范风险、建立征信、宣传教育、规范制度等方面。银行作为现代市场经济重要的金融企业，扮演着社会资金供应者的角色。应引导其全面履行企业公民的社会责任，关注民生问题，为民生领域建设提供全面的金融服务和资金支持，在教育领域践行社会责任就是要开展好国家助学贷款业务，按照应贷尽贷的要求，满足众多贫困学子的贷款需求，帮他们圆大学之梦，助他们顺利完成学业。国家开发银行（以下简称"国开行"）的服务宗旨就是"增强国力、改善民生"，致力于结合社会需求构建完善的普惠金融体系，为教育公平提供保障，为人人都能享有平等的融资权创造条件。在此理念支持下，国开行在国家助学贷款方面，创造出了全新模式"国开行模式"，[①] 扭转了四大国有银行作为经办银行时期对国家助学贷款惜贷甚至停贷的状况。据统计，自国开行承担国家助学贷款的 15 年间，超过 1000 万名学生享受了国开行国家助学贷款，贷款金额接近 2000 亿元，覆盖全国 28 个省 2456 个区县以及所有教育部承认的高校，为教育公平和教育扶贫做出重要贡献。

在育人方面，银行主要发挥对学生进行金融知识教育和诚信教育的作用，主要有以下几种方式。一是广泛开展政策宣讲和诚信教育。由于学生贷款是信用贷款，不需要任何抵押担保，客观上存在较大信用风险。为了保证学生贷款"放得出、收得回"，经办银行在办理学生贷款的过程中，往往通过召开座谈会、宣讲会和发放学生贷款宣传材料等方式，对资助对象进行贷款诚信

---

① 助寒门学子圆大学梦：国家开发银行开展助学贷款的探索与实践［N］. 光明日报，2012-06-05（15）.

教育和知识普及。[①] 联合高校学工部门，通过举行演讲、征文、短剧等丰富多彩的活动，深入开展诚信教育主题活动，为贷款学生普及信用知识，培养他们的诚信意识，帮助他们树立信用观念，深化对贷款违约后果的认识。这些宣传和教育活动对推动国家助学贷款良性发展和学生的个人发展是不可或缺的。二是通过个人信用体系和惩戒机制约束学生。银行通过建立和完善学生贷款的个人信用体系，提高贷款效率，并通过加快个人征信系统建设，降低学生逾期还贷的概率。三是参与学生贷款相关政策的制定。完善的政策法规体系是确保国家助学贷款良性运行的制度条件。教育部、财政部等国家部门联合金融管理机构以及经办银行陆续制定了与国家助学贷款相关的政策文件和通知，不断完善国家助学贷款工作的相关制度文件，助力我国资助育人工作政策体系的完善。

（四）社会力量

社会力量是我国高校学生资助体系的重要资金来源，高校应建立与社会力量的多维度协作，利用一切可利用的资源增强育人效果，构建协同运行体系，提高育人工作的专业化程度，扩大育人覆盖面。特别是，在困难生资助方面要投入更多的资金和资源，提高育人质量。[②]《关于鼓励社会力量兴办教育促进民办教育健康发展的若干意见》中强调了要提高我国教育服务质量，鼓励社会力量参与其中。[③] 捐资助学行为彰显了社会组织扶贫济困、奉献爱心的良好精神风貌和社会责任感。除了其自发的捐赠动机外，政府的引导和高校的激励也提升了社会力量参与助学的积极性。各方资源和力量的不断加入，帮助很多学生解除了后顾之忧，使他们能够安心在课堂学习。《中华人民共和国高等教育法》也明确指出，高等院校可以设置各种奖学金，对品学兼优的学生进行全面激励。事业单位和社会团体等社会力量也要为学生发展提供一

---

① 助寒门学子圆大学梦：国家开发银行开展助学贷款的探索与实践 [N]. 光明日报，2012-06-05 (15).

② 国家发展和改革委员会.“十三五”国家级专项规划汇编：下 [M]. 北京：人民出版社，2017：19.

③ 冯刚. 改革开放 40 年高校思想政治教育编年史（1978—2018）[M]. 北京：北京师范大学出版社，2019：586.

定助力，可以设立各种奖学金，鼓励优秀学生通过自己的努力获得支持。也可以对家庭经济困难的学生设置针对性强的助学模式为他们提供全面帮扶。①我国税务法规对有捐赠和公益性支出的企业予以部分税费减免②，对致力于公益慈善事业的个人或者企业提供税收优惠政策，在应纳税所得额等方面给予相应的优惠。③ 企业和个人捐资助学获得国家支持，并可以享受纳税方面的减免优惠政策。

为了筹集更多的助学资金，高校也制定了吸引校友和社会力量捐资助学的措施和办法，成立具有公益性捐赠税前扣除资格的教育（发展）基金会。法律规定个人或企业对高校进行捐助、捐赠同样享受税收优惠，对捐助资金的管理比以往更加规范、透明、公开，让捐助方及时了解捐赠物的使用去向。④ 在国家政策的积极引导和高校的有效鼓励下，社会力量参与我国高校资助学生工作的积极性有所提高。与此同时，在社会各界的共同努力下，我国社会力量捐赠的社会氛围得到提高，各类爱心慈善募捐活动逐步趋向常态化，爱心助学活动也由此受益。公众对爱心助学募捐活动的参与度越来越高，每年的助学捐款额度呈增长趋势。

在资助育人具体工作方面，通常的模式是热心于教育事业的社团、企业、个人或校友在高校自愿捐资设立多项基金。高校设立教育发展基金会，统一管理社会各类捐赠项目，并向捐赠人提供受资助人员的资料和基金的财务报告。根据捐赠者意愿，在高校教育基金会下成立以捐赠方冠名的专项基金，单独设账管理。该专项基金管委会负责制定专项奖助学金的评选标准、等级、金额及具体的操作细则，并组织实施专项奖助学金的申请、评审、颁发等具体事务。随着资助工作的开展，不少高校设立了专门的机构和岗位来负责和

---

① 全国人民代表大会常务委员会法制工作委员会 . 中华人民共和国法律汇编·2018（下册）［M］. 北京：人民出版社，2019：935.

② 国务院办公厅政府信息与政务公开办公室 . 国务院大众创业万众创新政策选编［M］. 北京：人民出版社，2015：274.

③ 全国人民代表大会常务委员会法制工作委员会 . 中华人民共和国法律汇编·2018（上册）［M］. 北京：人民出版社，2019：220.

④ 张莹 . 高校学生资助工作的现状与展望：以上海高校为例［J］. 思想理论教育，2014（12）.

规范社会资助。社会资助的金额、形式和用途公开透明化，评选程序规范化，提高了社会参与高校资助工作的正规化程度，推动了工作的良性开展。[①] 社会各类奖助学金在我国高校资助育人体系中起到了非常重要的补充作用，尤其是在"精准扶贫"思想的指引下，社会组织助学的积极性得到了充分调动。通过和高校深度合作构建的资助育人模式，采取精细化扶贫措施，使其育人功能得到了充分发挥。

资助育人工作中引入社会力量为高校资助工作提供重要的物质支持的同时，还需要社会力量助力资助育人实践活动的社会化和多元化，从而实现资助育人效能的最大化。社会组织因其扁平式的组织管理模式以及区别于学校的育人资源，有着更加多元、灵活、丰富的育人资源。目前，社会力量参与育人实践主要有两种方式。一是为学生提供实习或就业机会。社会组织利用自身优势和资源为学校学生提供实习、勤工助学或就业机会，提升学生的能力，尤其是对于解决家庭经济困难的资助对象的就业压力非常有帮助。二是开设相关讲座和实践活动，给学生提供职业生涯规划、素质拓展、参观实践等机会，帮助学生开阔视野，增长见识，助力其全面发展。

值得注意的是，还有很大一部分社会机构与高校的合作模式是社会机构进行直接的资金拨付，具体资助育人工作由学校代为运行管理。这种合作模式操作简单直接、可操作性非常强。学生提交申请之后，可以快速申请到资助。但是对于学校来说，这种模式只不过是拓宽了资助资金的渠道。从受助学生的角度来说，没有取得预期的育人效果，因为这些学生只获得了经济方面的支持，在能力和资源等方面并没有获得相应提升。从社会组织的角度来说，基金会的宗旨也没有得到充分体现，育人效果不明显。这种状况下会浪费育人资源。总的来说，这种资助模式的育人效果没有得到充分彰显，合作的双方和资助对象在此过程中都没有实现收益最大化，这也是当前社会机构参与资助育人工作最大的问题和局限。

---

① 冯刚. 大学生思想政治教育工作概论［M］. 北京：北京师范大学出版社，2020：170.

二、资助育人对象特征分析

准确理解和科学把握资助育人的教育对象，是做好高校资助育人工作的先决条件。只有深入剖析资助育人的对象特征，真正掌握教育对象的类型、成长特点和思想演变规律，才能使资助教育的实施更加科学。

（一）资助育人对象的界定

资助育人对象是指资助育人工作中接受教育的学生。这也是在资助育人研究和实践中对育人对象最普遍的界定。但需要注意的是，受教育的学生是否仅仅指的是受资助的学生。一项全国资助育人调查数据显示，在参与调查的高校教师中，约60%的教师认为资助育人的对象应为全校学生。① 可见在实践中，育人工作者就这一点尚未达成共识，很多工作人员和教师仅仅将资助育人对象界定为家庭经济困难学生，这其实在一定程度上窄化了资助育人的教育对象，与新时代资助育人内涵式发展的理念不符。事实上，高校资助育人工作具有普适性，其教育意义应覆盖全体在校学生。但是，应注意到资助育人工作的特殊性，与其他育人工作不同，资助育人应将受资助学生作为教育的切入点和抓手，更应重点关心和关注家庭经济困难的受资助对象。

由于对资助育人对象的认识不清晰、不明确，以及存在的窄化现象，在资助育人工作实施时，也存在着将重点对象视为资助育人的全部育人对象的现象，通过各省市资助中心和各大高校资助中心网站的活动宣传新闻报道可以看出，现在我国高校的资助育人实践活动和育人工作主要围绕家庭经济困难学生开展，为其提供各类帮助和资助等帮扶，而相对忽略了其他资助对象的育人工作。对于获得各类奖学金学生、勤工助学学生、赴基层就业学生等资助对象的教育和引导显得较为弱势，这部分育人工作的实践经验也相对较为稀缺。

（二）资助育人对象的类型

资助体系包括"奖、贷、助、补、勤、减、免"多种资助类型，不同的资助类别面向的资助对象是不同的，研究资助育人必须根据不同资助类型对

---

① 胡元林. 高校资助育人研究［M］. 南京：南京大学出版社，2019：164.

资助对象进行划分，根据不同类别的资助对象实施有针对性的育人工作，有的放矢，才能达到提升资助育人成效的目的。

资助育人实践有一定的操作难度，可以根据教育目标的不同和实践研究特点的差异，将受资助对象分为两类。第一类是按照受资助的方式不同进行区分。资助对象按受资助程度可分为未受资助、奖励性资助、助困性资助和勤工助学资助。未受资助是指学生在学校时没有得到任何补助。高校毕业生的奖励性资助主要为在某些领域取得优异成绩而获得一定的资助。助困性资助的对象是指单纯因为经济困难而获得经济补助的学生。勤工助学资助指的是资助对象通过一定的劳动获得补助性报酬。第二类是按照被资助人的家庭经济条件进行分类。根据被资助人的家庭经济条件，大体可以分成家庭经济困难和非经济困难学生。家境困难的学生主要是指那些因为经济条件较差而无法如期完成学业的学生。上述两类只是宏观的整体，在不同的分类中，可以按照不同的标准进行更精细的划分。比如，依据资助项目的不同可以将奖励类型分为国家奖学金、学业奖学金和专项奖学金等，依据家境困难原因的不同可以将家境困难分为自然贫困和社会贫困等。又如，接受同一类型资助的学生中，分为大专生、本科生、硕士生和博士生等不同的学历层次，以及在同一学历层次的不同年级，其中，每一类学生都有不同的诉求和特征，都需要因材施教。

综上所述，对资助育人对象做分类特征的研究和分析很有必要。育人对象的成长背景、个性特征和受助类型不同，他们的心理状态和所处情境就截然不同，采取的育人手段也应因人而异，才能提升资助育人的针对性和效果。

（三）资助育人的主要对象

广义上看，资助育人的对象是全体学生，但资助育人的重点和难点在于家庭经济困难学生，应该对他们进行专门的研究和分析。

首先，需要明确家庭经济困难学生的内涵。在具体实践中，各高校在家庭经济困难学生认定方面有具体的做法，根据教育部要求制定具体的细则和方式，对学生进行分层、分类、分档，如困难和特别困难。其中，重点关注的对象就是建档立卡户学生、低保家庭学生、特困户学生、烈士子女等。虽然我们已经取得了脱贫攻坚战的胜利，已经彻底解决了区域性整体贫困，但是从经济学角度来讲，高校贫困生属于相对贫困范畴。因此，高校中有经济困难的学生依然大量存在，同时我们还应该关注来自脱贫不稳定家庭和边缘易致贫家庭的学生群体。

在精准划定家庭经济困难学生的基础上，还应该对家庭经济困难学生进行分类研究。家庭经济困难的成因有很多，有历史原因、自然因素和社会因素，也有外部因素和内部因素。总体来说，宏观经济环境、地区发展不均衡、家庭突发变故等都可能导致家庭贫困。一些学者把贫困学生的原因归纳为：社会阶层分化、城乡差距、区域经济发展不均衡以及高等教育收费制度改革。[①] 不同类别的家庭经济困难学生虽然都面临经济困境，但学生的成长环境和除经济困境以外的困难是有所差异的。因此，对于家庭经济困难的学生，不能仅仅以困难、特别困难为标准对其进行简单粗暴的划分，而应了解和掌握学生致贫的原因，以更好地对学生实施帮助。

除了具有大学生普遍的特性外，家庭经济困难学生也有其特殊的状况。只有从群体与个体、宏观与微观的统一维度来剖析家庭经济困难学生的状况和特点，才能全面、准确地了解实际情况。从宏观、群体两个方面进行分析，有助于全面掌握家庭贫困大学生的总体特点，有利于指导高校助学活动的策划、实施，提高工作的全局性、科学性。而从微观和个别的角度来看，可以更好地把握学生的个性差异，从而有利于增强资助育人的实效性和针对性。

三、资助育人教育介体分析

教育介体指的是在育人过程中所用的手段与方式。特别是，在思想政治教育过程中，教育者只有采取合适的方法和手段，才能帮助受教育者形成良好的思想品德规范，从而达到育人目的。[②] 在育人工作开展过程中，这些方法与手段起到了纽带作用，也是进行思想政治教育的基本要素，要不断实现教育介体的创新。教育介体不仅包括教育方法和手段，而且包括教育目的与内

---

① 张耀灿，等. 成才不是梦：高校贫困生的现状与未来 [M]. 北京：人民出版社，2005：68-106.

② 陈万柏，张耀灿. 思想政治教育学原理：第 3 版 [M]. 北京：高等教育出版社，2015：137.

容等，是教育活动中不可缺少的一部分，也是取得成效的保证和条件。资助育人者与资助育人对象只有借助一定的形式才能有效互动，资助育人者也只有借助一定的方法才能将特定教育内容有效地传授给资助育人对象，达成资助育人的目的。下面将对资助育人的育人内容、育人方式和典型模式进行详细分析。

（一）资助育人内容

中国高校资助政策实施数十年来，不断完善资助体系，在育人方面下功夫，充分发挥资助工作的育人功能。在当前的资助育人实践中，育人内容主要集中在大学生思想政治教育、心理健康教育、感恩教育、拼搏奋斗精神教育和诚信教育等方面。

一是思想政治教育。高等教育是关系到国家未来发展前景的教育，高等教育在培养大学生时，不仅重视大学生的知识能力，还重视大学生的思想道德品质。学生的思想道德水平在一定程度上决定了其未来发展的路向，同时对其知识能力的提升及其他素质的发展均起着十分重要的作用。高校资助育人工作在帮扶经济困难学生的同时，还积极提升大学生的思想政治素质，对大学生进行全方位的关注和关爱。从数十年来中国高校资助育人的成果来看，大部分家庭困难的学生在受到资助后，均具有良好的思想道德品质，对党和国家的方针政策积极拥护。许多受资助的大学生通过申请入党、积极参与社会公益活动等形式回报国家和社会，具有积极向上的良好道德品质。当然，在受资助的大学生中，不乏个别学生因贫困而产生一些思想问题，例如，崇尚金钱至上，对党和政府产生不良抵触心理或思想懒散、自信心不足等。这些问题对我国高校资助育人工作提出了新要求，也引起了育人工作者的关注和重视。高校通过拓展思想政治教育渠道和教育资源，将资助育人与党建、团建、班级建设有机结合，加强高校学生的思想引领和道德教育，提升资助育人对象的思想政治素质。

二是心理健康教育。心理健康教育是思想政治教育的重要内容之一，高校对学生心理健康的重视程度在不断提升。通过不同方式开展心理健康教育，能够增强学生承受挫折的能力，帮助学生养成克服困难的品质，提高学生的自律自强意识，让学生形成自尊自爱的情感。许多高校大学生由于家庭经济困难，在刚入学时易产生内心敏感、自卑、孤僻等心理问题，在学习和生活中缺乏自信，不利于学生的学习和生活。长此以往，必然影响此类大学生的成长与成才。面对贫困大学生的这种心理状况，我国高校资助育人政策不断完善，帮助贫困大学生缓解心理压力，树立自信。例如，我国高校资助育人体系为经济困难大学生开设了"绿色通道"，使考上大学的学生先入学后办贷款，及时缓解了大学生担忧无法上学的焦虑心理，锻炼了大学生的意志，使大学生懂得在面对困难时只要积极应对就能渡过难关，增强了学生的抗打击能力。针对高校出现的一些大学生由于公开接受资助而承受较强的心理压力的问题，近年来，我国高校的资助手段、资助形式越发多元，工作过程中也越来越关注学生的内心感受，避免对学生产生心理压力和精神负担，保护学生的隐私和自尊心，帮助他们在学习和发展中建立积极乐观的心态。此外，高校资助育人体系中的勤工助学政策，不仅能极大地改善贫困学生的经济状况，还能激发受资助学生的主观能动性，让他们学会更好地与他人沟通，并建立良好的人际关系。同时，勤工助学活动还可以锻炼大学生多方面的能力，有利于培养受资助大学生的综合素质，为受资助大学生毕业后尽快适应社会，在工作岗位上创造价值奠定基础。

三是感恩教育。感恩教育就是要帮助学生树立正确的价值观和思想意识，使大学生充分感受到国家或学校、社会各界的关心和帮助，激发学生的感激之情，实现资助育人主客体在有效互动的过程中相互影响。受助学生在接受他人帮助的过程中，思想和情感都能够受到震动，从而生成积极情感，并产生这种情境的心理认同。在具体的资助情境中对学生进行感恩教育，可以让学生受到熏陶自发形成一种感恩意识，从而实现资助育人的目的。如果学生认为资助属于理所应当，甚至觉得资助的力度较小，自己没有获得多少实惠，实际上就是缺乏感恩之心的表现，根本原因是感恩教育的缺失。因此，高校在资助育人实践中应加强对学生感恩意识的培育，通过多样化的资助方式，让受资助的大学生在充分感受到集体关爱的同时，树立感恩意识和情怀，培养受助大学生产生高度的社会责任感。例如，受国家资助的师范生在毕业后返回家乡从事基础教育工作，就是一种积极回报社会的方式。更多受资助的大学生则选择以更加积极的方式从事工作，在实践中发挥自己的价值，并以力所能及的方式从事公益活动，将爱心传递下去。

四是拼搏奋斗精神教育。高校贫困大学生多出生于偏远山区，一般具有较强的克服困难的毅力及勤奋好学的精神。我国高校资助政策为他们提供了上大学的机会以及实现理想的平台，使他们能够克服因家庭贫困带来的不利因素，在更高的平台上发挥聪明才智。我国高校资助政策中的国家励志奖学金制度，就是为品学兼优的家庭经济困难学生设立的，激励在校贫困大学生勤奋刻苦、不断进取。获得国家励志奖学金的学生，不仅能直接解决经济上的困难，还能在学习上建立自信，获得精神上的自我认同感和满足感，从而进一步激发学生对知识的渴求和通过自我努力改变人生的渴求，积极发挥学生学习的主观能动性和创新精神，在学术和学业上不断攀升。除此之外，国家励志奖学金并非由国家无条件资助，而是贫困学生通过刻苦学习换来的，有利于培养贫困学生树立踏实肯干的良好品质，从而提升学生的综合素质。

五是诚信教育。在学生资助工作中，很多环节的顺利进行其实是建立在学生诚信的基础上的。目前，资助育人工作主要采取综合认定的方式，如安排专岗专人负责家庭经济困难学生的精准认定工作。在调查中发现，高校资助工作的难点在于经济困难学生认定方面，学生和家庭的可支配收入由学生本人提供，学校工作人员难以进行准确判断，无法做出客观评价。因此，诚实守信是高等教育的重要内容之一，也是高校资助工作的基本原则。2018年，教育部颁布的《关于做好家庭经济困难学生认定工作的指导意见》中明确规定，要加大对学生的诚信教育，学生或者监护人在申请资助过程中必须真实地提供家庭经济情况。[①] 同时，该文件还取消了以往家庭经济情况认定时需要当地民政部门或居委会出具证明的要求，在资助申请过程中主要审核学生本人提供的材料。在国家助学贷款和生源地助学贷款的相关政策文件中也提出高校要强化学生诚信意识培养，建立良好的信用体系。这些制度文件充分彰显了诚信教育对资助育人工作的重要性和其基础地位。

（二）资助育人方式

目前，高校学生资助育人体系在不断完善，各地高校也在探索适合高校

---

① 教育部等六部门关于做好家庭经济困难学生认定工作的指导意见 [J]. 中华人民共和国教育部公报，2018（12）：6-10.

发展的资助育人方式。整体而言，目前我国高校学生资助育人的方式以广泛开展宣传、组织实践活动、能力提升训练三种类型为主。

一是广泛开展宣传。各地、各高校在开展资助育人实践时，普遍重视对资助育人相关工作的宣传。首先，资助政策宣传。多平台、多时点、多形式的政策宣传是让资助育人者、资助育人对象和社会力量了解资助、认同资助、受益于资助的重要手段。随着新媒体传播日益普及，资助育人的宣传方式和宣传载体也在不断地创新，如通过抖音、微信公众号、微博等多种形式进行政策宣传。如2021年高考后，一条题为"等拿到录取通知书，谁不让你上大学，你就跑！"的微博被广泛传播，微博中详尽地介绍了当年的国家奖、助学金政策："千言万语汇成一句 请一定不要放弃读书！""你只需要带着录取通知书到学校，其他的，国家管！"① 这给家庭经济困难学生带来了信心和力量，并通过光明网、中国青年报、共青团中央以及许多社会上有影响力的自媒体转发，在社会上引起热烈反响。其次，资助育人相关工作和成效的宣传。高校普遍通过微信公众号、手机短视频、网站宣传片等媒介，发布资助育人的工作内容和工作进展。高校也会在校园内、社区内通过张贴海报的方式宣传工作。最后，利用宣传的方式进行育人教育。大力宣传获奖者事迹，运用微信公众号、网站新闻、事迹宣讲会、经验分享会、校内张贴旗帜等方式深化榜样形象，强化榜样力量。

二是组织社会实践活动。社会实践活动能力是新时期大学生必须具备的一种基本技能，是提高学生综合素质、增长知识、提高素质的有效途径。很多大学会组织学生参加各种社会实践活动，包括义务支教、支农、支医、社会调研等。通过积极发掘社会实践活动平台，为受助学生提供更多参加社会实践的机会，可以让他们在实践活动中提高理论联系实际的能力，在参加社会实践过程中融入社会，培养自身的能力。在帮助别人的同时，体会到奉献的意义和快乐，从而加深对感恩和责任的理解。大学生在社会实践中培养和践行社会主义核心价值观，能够更好地认识自己和提升自己，由此凸显高校

---

① 等拿到录取通知书，谁不让你上大学，你就跑！［EB/OL］.（2021-08-29）. https：//baijiahao. baidu. com/s? id=1702064413017128695&wfr=spider&for=pc.

学生资助育人的效果。

三是开展能力提升活动。教育部文件中多次提出：要"构建物质帮助，道德浸润，能力拓展，精神激励，有效融合的资助育人长效机制"①。新时代高校资助育人应从物质、道德、能力、精神四个方面入手，加强对学生的资助与培养。在培养学生的能力时，应根据实际情况因人而异，为培养对象的能力提供更具针对性、多样性、全方位的支持，以达到"授人以渔"的效果，实现"扶困与扶智""扶困与扶志"的有机结合。在这样的背景下，很多大学都在积极探索资助教育方式、培育典型模式，评选和表彰资助育人的优秀个人。比如，针对不同的受助大学生进行调研，围绕他们的不同需要，进行有针对性的能力培养和提高。借助大数据和数据挖掘技术，为他们制订能力培养和提高方案，同时可以通过网上授课、讲座等方式，多渠道帮助受助学生提高自身的能力。

（三）资助育人典型案例

在各级政府、高校、金融机构和社会力量等多方共同努力下，我国资助育人取得良好成效，不仅帮助家庭经济困难学生解决了上学难的问题，还在育人方面开展了积极的探索，摸索出了一些好的做法和经验，形成了一些较为典型的经验和案例，为资助育人对象提供多维度、长期性的帮助和支持，助力学生全面发展。下面将通过分析清华大学"鸿雁计划"发展型资助育人模式的案例，借助显性、具体的案例分析研判梳理高校资助育人的先进经验，并为后续资助育人实践的加强与改进提供基础性的支撑。该计划的目标就是为家庭经济困难学生提供帮助，全面消除他们求学的后顾之忧，致力于实现学生的多样性成长，把他们培养成为又红又专、追求卓越的现代化人才，能够为祖国做出更多贡献。②"鸿雁计划"包括一系列富有创新且卓有成效的育人形式。

首先，坚持立德树人，回答了"培养什么样的人"的问题。"鸿雁计划"设置的初衷之一就是培育和践行社会主义核心价值观，明确要"培养什么样

---

① 冯刚.改革开放以来高校思想政治教育发展史［M］.北京：人民出版社，2018：309.
② 金峰，王腾飞.深化发展型资助育人成效的机制分析：以清华大学为例［J］.河南师范大学学报（哲学社会科学版），2020，47（6）：153-156.

的人"的问题。在资助宣传和资助实践活动中，全面落实立德树人根本任务，目的就是在帮助学生解决经济问题的过程中，帮助学生坚定理想信念、建立正确的三观。在具体实践工作中，清华大学构建了"多位一体"的育人平台，通过优化课堂教学、开展各种形式的社会实践等，对学生进行理想信念教育。在培养学生创新精神和实践能力的过程中，设置了多种多样的创新项目，让受助学生能够通过亲身实践来提高自身的能力，并在实践中形成理性思维，提升创新能力。

其次，不断创新举措，回答了"怎样培养人"的问题。推出家庭经济困难学生"学术推进计划"，支持学生到海外研修和海外实践，让他们到国际化的环境中亲身体验，培养他们的综合能力，开阔国际视野。仅 2018 年，清华大学就支出 150 万元专项经费用于家庭经济困难学生海外游学资助。学校还资助经济困难学生参与寒暑假社会实践，如进行社会调研、田野调查、支教等，实现了家庭经济困难学生"想申请、敢申请、能申请"。2017—2019 年，"鸿雁计划"共计支持 372 名家庭经济困难学生进行海外研修和社会实践，累计资助金额 450 余万元。此外，针对家庭经济困难学生在英语、计算机等课程的学业困难，通过邀请专业导师指导、设置专门辅导课程等方式，为学生提供针对性的指导，取得了显著效果。在支持家庭经济困难学生就业创业方面，依托校内职业发展中心"Coach 教练计划"，成立专门的工作室，由专人为经济困难学生提供职业生涯规划、就业指导、创业项目帮扶等项目支持，培养学生正确的择业观，助力学生职业发展。

最后，持续提升成效，回答了"为谁培养人"的问题。培养新时代合格建设者和可靠接班人，是"鸿雁计划"设置的初衷之一，也是该计划发展的目标。"鸿雁计划"实施三年之久，一直不忘初衷，资助人数近 3000 人次，基本上涵盖了清华大学所有的家庭经济困难学生，资助的内容非常广泛，包括物质和精神等方面。在经济帮助和心理健康教育方面，"鸿雁计划"为受助学生提供双重保障，鼓励学生能够抓住发展机遇，为自己的命运努力拼搏，充分调动学生的进取心和改变命运的勇气。在理想信念教育和价值观塑造方面，该计划重视对学生的励志、诚信和社会责任感等方面的教育，让学生有了明确的人生奋斗目标，成为有责任、有担当的时代新人。

　　进入新时代，高校大力推进资助育人内涵式发展，对于保障教育公平、促进高等教育高水平发展都具有重要意义。清华大学开创的"鸿雁计划"发展型资助育人模式，在学业发展、社会实践、创新创业、综合素质培育等方面对学生进行指导，促进学生实现全面发展，取得了良好的育人成效，开拓了资助育人工作的思路，为其他高校提供了经验和借鉴。

第三节　高校资助育人存在的问题

　　通过对高校资助政策落实情况和育人功能发挥情况的现状分析可以发现，目前高校资助育人工作尚存在已经显现或仍然隐藏的诸多问题与不足。下面将从资助育人者的主体作用、对资助育人对象的认识、资助育人要素间协同性及资助育人的效果评估等方面展开分析。

一、资助育人者主体作用发挥不足

　　伴随着资助体系的不断完善、资助类别的日益丰富，资助的参与者由以高校和政府为主，逐渐转变为高校、教育主管部门、民政部门、乡村基层组织、金融机构、各种基金会等公益组织和企事业单位或个人等共同参与。但育人主体范围的不断扩大，导致了育人主体角色模糊的问题，主要体现在三个方面。

　　首先，外部资助机构难以发挥教育功能。资助育人的对象范围扩大，使教育的主体更复杂。很多原本没有教育功能，甚至从来没有担负过学生培养工作的机构逐渐被纳入了资助育人工作的范畴，但他们对资助育人工作的认识不够准确，对自身承担的育人责任不够明晰。主要问题体现在其资助育人意识薄弱，资助育人能力不强，难以将自身工作与高校资助育人工作有效衔接，对资助育人工作的开展没有起到积极的推动作用。产生问题的原因也是多方面的，对学校外部的资助机构、企业和个人来说，一是其本身工作范围不在校内，受限于地理位置和职权范围，很难与学生产生长期、系统的育人互动；二是对于大部分校外资助机构或个人来说，其主业并非只有资助育人一项工作，因其还有自身的发展和日常工作，因此很难将资助育人作为其日常开展的重点工作；三是校外主体本身并非教育机构，在育人的方法、理念等方面都与校内专业的教育工作者存在差距，对高等教育体系、思想政治教育方法、学生发展特征等都没有充分的了解，这就制约了其参与育人工作的效果。

其次，校内资助育人主体职责意识不够。从学校内部层面来讲，高校资助育人主体具有全员性特征，要发挥不同部门和角色的合力，共同参与到资助育人过程中，形成协同效应，进一步优化育人效果。全员参与育人指的是不仅包括辅导员和资助管理中心工作人员等直接面对资助工作的教职工，还应包括专任教师、研究生导师和其他职能部门工作人员这些非直接面对资助业务的教职工。只有高校全体工作人员都投身于资助育人工作，才能形成一股庞大的合力，提升资助育人实效。然而，很多高校全员参与育人的情况并不理想，大多数高校的参与者只有资助工作部门、各院系的负责人等。参与力量过于薄弱，因此在资助工作开展的过程中，很容易出现问题，比如，审批速度缓慢，缺乏有效监督等，直接影响了育人工作开展的质量和效率。资助育人是高校"三全育人"工作中的重要内容，是一项综合性较强的工作，而不是个别部门可以单独完成的，校内其他资助育人者主体责任意识不够，导致资助育人工作开展的范围、力度和系统性都受到限制。

最后，育人活动的总体效果呈现出边际效用递减问题。受多种主客观因素的影响，资助育人的职责在实施主体扩展的过程中不断消解，致使资助育人的总体效果呈现出消极递减态势。其中，主体角色模糊直接导致职责和边界不清，使得主体责任并没有因为主体范围的扩大而形成育人合力，反而因为主体范围的扩大，导致资助育人主体责任意识减弱，以至整个资助育人工作链条缺乏连贯性和一致性，最终对资助育人的整体功能产生了阻碍作用。

二、对资助育人对象认知存在偏差

在资助育人的具体实践中，由于长期以来的实践工作惯性，很多教育工作者对资助育人教育对象的范围、特征和定位缺乏正确的认知，导致育人工作的效果和满意度不高，从而出现育人工作不对口、不对症的问题，主要表现在对资助育人对象的范围认识窄化、对不同育人对象的特征认识笼统化、对育人对象的定位还不够准确等方面。

首先，对资助育人对象范围的认识过于窄化。在大部分师生的认知中，受到资助的学生，尤其是家庭经济状况较差的学生才是资助育人的对象。而与受助学生相识的师生中，也有不少人对其抱有刻板印象，如认为享受各类奖助学金、困难补助和助学贷款的都是人们普遍认知中的家庭经济条件较差的学生。除此之外，那些受到各种奖学金资助的学生反倒不被其他学生接受，甚至有与这些接受助学金资助的学生对立之势。从客观上来说，这样的偏见认知非常容易造成一些不好的效果，主要有以下三种。第一，窄化育人形象。武断地把资助育人对象和受助学金资助的学生绑定，不仅是非常片面、不客观的错误认知，而且阻碍了受奖学金资助的学生接受资助育人的积极影响，严重限制了高等院校资助育人的受众范围。第二，矛盾激化。很多学生对榜样教育怀有较低的期待值，原因就是不合时宜、不合情理地渲染榜样教育。这就导致不仅没有发挥出受奖学金资助学生的模范带头作用，还激化了学生间的矛盾，没有起到育人的效果。第三，方向误导。育人对象是高校资助育人要素的重要组成部分，是育人效果的落脚点，更是影响资助育人效果的重要参数。对育人对象的窄化和错误认知会直接影响高校资助育人的效果，进而制约资助育人的实效性与精准性。

其次，对资助育人对象特征的认识缺乏针对性。虽然在实施资助政策的过程中，如进行奖学金评定、助学金评定、家庭经济困难学生认定等工作的时候，精准资助的概念已经比较普遍和深入人心，但在认识育人对象方面，育人工作做得还不够精准。第一，高校资助育人的对象从学历层次上分为专科生、本科生、硕士生和博士生。同一学历层次的学生，在校期间的不同阶段（如新生和毕业生）需要的育人资源也是有很大差异的，不同学历层次、处于不同学习阶段的育人对象在年龄、心理特征、自身需求、发展目标等方面都有很大差异，不能笼统地以"学生"或者"受资助对象"来对待，而应该多关注其个性特征和成长所处的阶段特征。第二，高校资助育人对象根据接受资助项目的不同，其自身特征也有显著差异。对于获得奖学金的学生和获得助学金的学生，应对其进行针对性的教育和引导，根据学生自身情况的不同来实施育人工作，而不是进行简单的"一揽子""一刀切"式的教育。

最后，对资助育人对象定位的认识缺乏准确性。资助育人工作虽然是以学校为主导实施的教育实践活动，但是在育人过程中，资助育人对象是资助育人工作的重要参与者，也需要发挥主体性作用。目前，我国的资助育人工作存在忽视教育对象主体地位，只将受助者看作教育的被动接受者的思维。把学生单纯定位为被动接受教育的角色，而非育人活动的重要参与者的角色，实际上导致了学生的内生动力不足，直接影响了育人实效。在资助育人过程中，学校占据主导地位，开展了大量以资助育人教育者为主导的活动，学生只需要参与配合相关工作即可，并不需要发挥主观能动性。这就导致大多数学生不知道如何选择资助方案，也不会主动参与监督，结果是学生认为拿到资助或者奖学金，就达成了目标，资助工作就结束了。换句话说，这种育人工作并未达到通过学生申请资助进行育人的目的和诉求，尚未激发出学生参与资助育人的内生动力，他们缺乏积极主动参与和改进资助育人工作的积极性和主动性。然而，这并不代表学生没有相关的需求，而是学生并未意识到这些发展性需求可以通过资助育人工作实现，同时也缺乏相关的反馈途径，进而导致了主体积极性的弱化。

三、资助育人各要素间协同性较弱

高校资助育人工作是一个需要参与各方主动配合、积极协作、高效参与的综合系统性工程。资助工作体系化程度越高，这种系统内部协作的要求也越高，这样才能全面发挥出高校资助育人工作的效果和功能，打造出一个学校、家庭和社会多方密切配合的协作育人体系。但实际工作中，存在较多不符合预期的情况，甚至在系统内部产生隔阂、矛盾和排异等现象，主要体现在四个方面。

一是参与资助育人的校外和校内各方协同性较差。参与高校资助育人工作的各个校内外参与方，因为所属主体和所辖职能的不同，在不同要素之间出现目标差距和利益冲突在所难免。比如，经济收益和育人效益的目标差异限制了金融机构参与资助育人活动主观能动性。又如，社会捐赠的企业或机构，既不属于教育机构，也不属于学校的二级单位，高校在统筹资助育人工作时很难将其纳入其中，再加上时间、地域等限制因素，校外机构难以长期性地加入育人工作。

二是参与资助育人的校内各方之间协同性较差。高校资助育人需要校内各部门、各主体之间遵从"三全育人"的理念高效协作，实现共同育人。由于高校资助育人问题显性化程度不高，还缺乏"自上向下"的组织架构设计、清晰的工作职责范围和明确的法律界定，非直接负责资助育人工作的教职工的主体育人意识不足，单凭个人道德观念和自发驱动的履职行为，还无法和法律规定履行义务和资助育人工作形成内生的有机统一体，非常容易导致各主体职能的交叉或错漏问题。在缺乏一个稳定长效的工作协作机制的情况下，资助育人工作必然出现效果不彰和功能不显的问题。

三是学校与家庭之间的育人协同性较弱。家庭是学生成长发展的主要场所之一，家庭教育的质量会直接影响到学生未来的发展。对于学生成长来说，家庭教育非常重要，特别是家长的思维和行为方式，会对子女产生潜移默化的影响，且这种影响非常持久，甚至贯穿子女成长的整个过程。尤其需要关注的是家庭经济困难或家庭有特殊情况的大学生，一方面是家庭的成长环境对于学生的性格形成、三观养成、生活习惯等都影响很大，是育人工作的重要场域；另一方面是家长对于孩子的性格和成长经历了解更多，与家庭的沟通联动能够更好地实现资助育人的精准化。而在现实实践中，很多家长认为孩子进入大学以后，就应该由学校进行教育，家长不需要承担育人职责。而学校工作人员在进行育人工作时，因人力、地域、时间等限制，也较少与家庭进行沟通，在工作中未把家庭作为资助育人的重要参与者，因此很难达成家校协同育人的效果。

四是资助育人与其他育人工作协同性较弱。2017年12月，教育部发布《高校思想政治工作质量提升工程实施纲要》，提出要充分发挥课程、科研、实践、文化、网络、心理、管理、服务、资助、组织等方面工作的育人功能，挖掘育人要素，完善育人机制，优化评价激励，强化实施保障，切实构建"十大"育人体系。① 高校育人工作应贯穿办学治校、教书育人和学生成长成

---

① 刘宏达，万美容. 高校思想政治工作前沿问题研究 [M]. 北京：人民出版社，2019：392.

才的全过程。根据思想政治教育过程的要素协同论可知，各种要素在时间和空间上的吻合性越好，衔接越紧密，思想政治教育的效果越明显。思想政治工作只有实现阶段性和持续性相统一，才能达到良性循环不断发展的最优态势。① 可见，在高校育人过程中，协同各个育人要素、育人阶段、育人资源非常重要，因此，高校的"十大育人"体系应该互相支撑、互相协同、充分挖掘各方面的育人资源，发挥各自的育人功能，共同完善和促进高校育人工作的推进和学生自身的发展，以达到最佳的育人效果。在现实的实践中，由于十大育人体系分别由不同的部门牵头，由不同岗位的人员参与主要工作，惯性思维容易导致育人视野狭窄化，即仅围绕自己主要负责的模块进行育人。这种情况不仅不能有效地实现资源整合，育人要素未达到最大化成效，而且会出现各类育人体系之间的育人工作重复开展，造成育人资源的大量浪费。

四、资助育人效果评估难度较大

科学有效的评价机制有助于高校正确认识资助育人的内在规律和实现机制，有助于强化资助育人工作顶层设计和资助育人过程监管，提升资助育人工作的时效性和持续性。通过对资助育人工作的现状分析可以发现，资助育人工作在实施成效评估上存在很大的困难。尽管在理论研究和具体实践中都意识到了资助育人效果评价、反馈的重要性，也尝试构建定期的资助育人工作评价机制，但距离准确评估和检验资助育人效果的目标差距仍旧明显，这种不足主要表现在以下三个方面。

第一，资助育人成效评估困难。当前，高校资助育人评价标准不够完善，缺乏科学的评价指标，尚未形成综合性的评价体系。对资助育人工作成效的评判仅仅依靠拨付的金额多少、覆盖面的大小、育人活动的多少来判定，或者是采用学生获奖数量和就业情况来判断。而对于资助育人对象的思想状况、认知发展、心理健康等情况未能建立一个专门的评价机制，这显然不能衡量资助育人是否有效促进学生全面发展，使资助育人工作显得浮于形式。

第二，成效评估缺乏跟踪反馈。资助育人是一个长期工程，构建过程不

---

① 陈秉公.思想政治教育学原理［M］.北京：高等教育出版社，2006：147-151.

在一朝一夕，育人效果也并非在短期内可以显现，需要构建长效的资助育人效果跟踪评价机制。而现实的情况是，现行的各类评价体系还仍存在不足，具体有以下三种情况。首先，资助育人效果的跟踪评价机制不完善。高校资助育人成效的跟踪评价是资助育人工作开展的重要过程，只有重视跟踪反馈，才能准确发现资助育人工作中存在的问题，进而更好地改进资助育人工作。若缺乏对资助育人效果的跟踪评价，就无法了解资助发放过程中存在哪些问题，更无法依据反馈结果进行整改。当前，高校缺乏具体详细的资助育人效果跟踪评价。其次，缺乏育人效果的长期动态反馈机制。这导致精准资助只着眼于开展工作，并未对工作开展过程进行有效总结，不知道各个环节存在哪些问题，从而影响到未来工作的开展，也不利于工作质量的提升。最后，资助育人对象反馈机制缺失。针对受助学生的后续情况，因为缺乏有效的反馈机制，学校无法了解学生接受资助后的学业发展状况、心理健康状况、生活方式变化等，所以难以保证评价结果客观准确。对受助学生缺乏持续性的追踪调研，使得资助育人者缺乏对资助育人工作的长期性、动态化、总体性的视野，割裂了育人工作与育人成效间的良性循环，不利于资助育人工作的改进。

第三，育人评价的主客体不够全面。如前文所述，高校资助育人教育者和教育对象在某种特定角度上都是资助育人的主体，当前评价体系对于评价主客体都存在窄化的情况。比如，在当前高校资助育人评价工作中，普遍存在仅仅将高校主管资助育人的工作业务部门作为资助育人评价主体的情况，而与资助育人工作密切相关的学工队伍、资助育人对象、工作单位以及与资助育人对象相关的其他社会群体，都没有被纳入评价主体范畴，使得资助育人的评价结果缺乏全面性、客观性和科学性，这就制约了资助育人评价工作的开展。又如，评价客体往往是单一的受助对象，没有对资助育人要素、资助育人过程及资助育人效果这样的客体进行综合评价。这种评价客体要素不完善的现状，在一定程度上造成了资助育人评价缺乏全面性和公正性的问题。

第四节 高校资助育人问题的归因

"辩证法要求我们在事物的内部矛盾运动和事物的相互联系中来把握事物，也就是同时要把握事物发展的内因和外因。"① 高校资助育人的发展既有内在的矛盾，也有外在的矛盾，我们在对其发展中存在的问题进行归因分析时，也要遵循唯物辩证法的基本原则，从内、外两个方面分析其原因。

一、资助育人总体发展不成熟

高校资助育人是进入新时代以来，伴随我国高校思想政治工作的不断深化和完善，在高等教育事业的快速发展和育人对象自身发展变化的综合影响下，逐步确立和发展起来的，在理论上、实践上和顶层设计上的发展都还不够成熟，没有形成一套完整的理论架构、实践体系和完善的顶层设计，这是资助育人目前遇到众多问题的重要原因。

（一）资助育人实践发展起步较晚

学生资助工作虽然已经过相当长时间的发展探索，但资助育人工作还十分不成熟。从外部视角来看，由于处在发展的初级阶段，目前我国高校的学生资助体系依然是保障型的，发展理念和思想观念还未成熟完备。虽然国家对于资助育人体系的建设保持着较高的关注，但是在"何谓资助育人""资助何以育人""资助如何育人"等问题上，认识不够充分、清楚，甚至有反对的声音存在。从内部视角来看，思想政治教育是高等院校资助育人工作的重要内涵和基础支撑，资助育人是可以化用和适用一般的思想政治教育理论的，但在此之上，资助育人还有其特有的含义和延伸，需要在不断的发展过程中变得成熟化、系统化和科学化。当下高等院校资助育人工作发展尚不完备和成熟，导致了一系列问题，如资助育人内涵不清楚、边界不明晰和体系不完善等。这进一步导致在资助育人工作实践中，容易产生无法确认主体职责、

---

① 艾思奇. 辩证唯物主义纲要 [M]. 北京：人民出版社，1959：153.

不能明确职责边界、窄化育人工作内容等问题，使高校资助育人工作无法有效开展。

（二）对资助育人理论缺乏深入研究

新形势下思想政治教育的内容、形式、方法等都还不能完全适应社会和人的发展需要，要变过去那种经验型的、非系统的思想政治教育为系统化、规范化、科学化的思想政治教育，与之相适应的，必须对思想政治教育进行多方面的深入研究。[①] 资助育人的理论研究是思想政治教育研究领域中的一个方向，新形势下引入科学的、前沿的理论研究成果和指导性的方向，再结合传统经验型实践工作方法，才是实现现代高校资助育人科学化的唯一途径。但现实情况并不尽如人意，不管是在深度还是广度上，目前高等院校资助育人的理论研究都相对迟滞，处于整个思想政治教育学科研究中发展相对落后的水平上。而这直接严重阻碍了高校资助育人工作迈向科学化的进一步发展。抛开高校资助育人工作发展时间尚短的问题不谈，高校资助育人的自身属性与所处环境也是制约其理论研究开展的重要因素。高校从事学生思想政治工作的教职工人员、院系辅导员等学生工作的一线工作者，对高校资助育人工作中普遍存在的障碍和矛盾有着切实的感受和体会。大部分一线工作者缺乏过硬的学术理论研究能力，无法准确概括和深入分析这些问题。但是拥有较强学术理论研究能力的教育工作者又脱离了学生日常思想政治教育的工作一线，缺乏对这类课题的投入和关心。以上因素直接影响了高校资助育人工作的理论研究的深度和广度，以及研究的理论化和科学化程度。

（三）资助育人顶层设计松散化

目前，我国高校资助教育还停留在"经验探索"阶段，缺乏统一而有力的理论框架，缺乏系统、清晰的实践指导。尽管《高校思想政治工作质量提升工程实施纲要》已将资助育人纳入"十大育人"体系，在政策文件中也对其目标、内容、对象进行了指导性规定，但其在实践上存在理论化和系统性不足的问题。一是对资助育人的内涵和外延缺乏明确的阐释和规范，对高校

---

① 陈万柏，张耀灿．思想政治教育学原理：第3版［M］．北京：高等教育出版社，2015：19.

资助育人工作的开展仍处于感性的经验层面，缺少理性层面的一般抽象，实践的发展亟须理论层面的指导。二是在资助育人工作中，缺乏路径、方法、机制等方面的规范指引。绝大多数育人主体还处在自发组织阶段，这种做法只能使其日益脱离正常的轨道，加深育人主体和对象对育人工作的困惑，从而造成资助育人工作中学生的思想与行为之间的矛盾和偏差，妨碍资助育人的科学有序发展。

二、资助育人单向度思维模式

教育研究视域中存在的单向度思维，指的是以一种极端化的方式表现知性思维，这种思维具有片面化、绝对化的特征，尤其是在对教育中存在的问题与现象进行分析时，这种现象更为突出。"知性思维的特点是把认识的具体对象的丰富内容和普遍联系抽象化、孤立化，以取得一种确定、凝固的认识。"① 可见，这种思维具有主观性、静态性的特征，就是在特定范围内按同样的规律开展活动。在目前的资助育人工作中，单向度思维也是一个很常见的现象，资助人往往会根据自己的主观判断、刻板印象，或受认知水平的局限，忽视资助育人的实质、客观现状和辩证思考的方式，而演变为孤立、片面、绝对的非批判性工作思维。这种单向度思维也导致了资助育人工作中的诸多问题，具体表现为资助育人的价值导向偏失、育人手段与目的割裂、工作规范与人文关怀脱节。

（一）资助育人的价值导向偏失

如第二章所述，从马克思主义价值论的视角来看，高校资助育人兼具社会价值与个人价值。所谓社会价值，指的是资助育人是一种保障教育公平和社会公平的方式，能有效促进社会的稳定和谐与国家的长治久安。个人价值，就是指这种育人方式不仅能让人更好地存在于社会生活中，也能让其生命成长成为可能。资助育人的价值通过这两个方面得以体现，可以实现二者内在的统一性。政府作为我国资助育人的重要主体之一，更多地从工具理性的角度开展资助工作，注重的是资助工作在社会和民生方面的效益，工作重心往

---

① 高清海. 马克思主义哲学基础（下册）［M］. 北京：人民出版社，1987：400.

往放在完成政治任务上，评价的主要权重放在社会影响和经济效益方面。资助育人在一定程度上是服务于社会民生、维护社会安定的。这种思维模式下的资助育人难免会忽略资助育人对象个人的内在需求和发展追求，资助育人工作的开展就会将重点落在资助而非育人上。个人价值的弱化则会导致资助育人内涵的窄化和简化，制约资助工作育人功能的发挥，进而对其社会价值的发挥产生严重的阻碍。

（二）资助育人手段与目的割裂

由资助育人的内涵可知，其追求的是保持工具理性与价值理性的统一，最终价值诉求是实现育人功能，使资助育人对象达到个人能力与素质提升、个性充分发展以及社会关系和谐。在我国当前的资助育人实践中，过于强调工具理性的重要性，忽视价值理性的意义，导致价值理性的空间受到严重挤压，这就是韦伯所称的"理性化的吊诡"[①]。在对资助育人工作进行分析时，只是从工具与手段这样的视角出发，从数量上提出要求，盲目追求政策效率。如果把资助的目标仅仅设定为数量和效率两个方面，育人功能势必得不到有效发挥。上述情况的出现，让资助育人偏离了正确的方向，其本质也发生了异化。资助育人的价值旨归和目标指向都是育人，根本任务是立德树人。忽略资助育人的目标，就很容易在工作中迷失方向，导致工作效率不高。

（三）工作规范与人文关怀脱节

多年以来，我国在资助育人方面付出了艰辛努力，构建了多元化的政策体系，从"奖、贷、助、补、勤、减、免"七方面入手，积极发挥助学政策的作用，总体上步入了"有法可依"的发展时期。资助制度发展逐渐科学化、规范化，意味着资助工作依据与参照更加明确，资助活动的随意性问题得到了一定的解决，有限资金得到了充分利用。但在相对固定模式内执行制度与分析问题，往往会导致资助工作出现公式化、程序化的新情况。简单来说，就是关心事务性工作过多，忽略了育人，使资助育人并没有体现出"现实的人"的主体地位。资助育人者的单向度思维，将资助育人对象作为物质和精神资助的接受者，而忽视了资助育人对象的主体诉求和主观能动性，导致难

---

① 韦伯. 经济与社会（上卷）[M]. 林荣远，译. 北京：商务印书馆，1997：56.

以激发学生的主体意识。例如，当前很多资助育人活动的重要目的在于提升工作的显示度，而对参与活动的学生是否真正在活动中有收获则疏于关心。又如，有的育人工作在进行宣传时，未照顾到受资助学生的心理感受，强制要求学生配合，可能会激发学生的逆反情绪，而这种逆反情绪会对学生接受资助而产生的感恩情绪造成一定程度的消解。资助育人的工作规范化与人文关怀的脱节导致工具理性助长了物欲主义，人也具有了"单向度"的特征，陷入"物欲症"的桎梏，这种异化则限制了资助育人实效的发挥。

三、资助育人过程系统性缺陷

如前文所述，由于资助育人理念提出时间尚短，资助育人在理论与实践方面都还未构建出完整、成熟的体系，这种不完善投射到资助育人的具体工作中，出现了诸如前文提到的主体作用发挥不足、工作协同性弱、评估难度大等问题。而问题的背后反映出资助育人的整体运行机制不够通畅，凸显出资助育人工作体系的系统性缺陷，这种缺陷主要表现在资助政策体系的不完善、资助育人要素间缺乏有效的整合以及资助育人的评价反馈机制不健全。

（一）资助育人政策体系亟待完善

当前，我国高校学生资助政策在整体设计、总体统筹、政策刚性等方面还不够完善，导致在实践工作中，缺乏有效指导和规约，在一定程度上制约了学生资助的推进和资助育人的深入。

一是资助体系统筹不够。2007 年之后，尽管我国逐渐加大了对高校经济困难学生的资助力度，相继出台了一系列政策，增强了政策体系的多元性与完善性，但在具体的实施和操作运行层面缺少有效统筹和整合。首先，从总体上来看，我国的资助政策仍然缺乏以人为本的设计理念。在各级教育主管机关和高校层面，由于缺乏全面的统筹、系统性的考虑，资助管理的零散化、资助发放的失衡、资助消费的自由化等问题，都对高校资助工作的公平性和效益产生了一定的影响，从而影响了其教育效果的发挥。其次，目前我国高校对学生的资助只是起到了经济保障作用，是以经济的方式解决学生因家庭困难而失学的问题，却忽略了这部分特殊学生的能力、素质、心理等方面的发展，尚未构建起立体化的政策支撑体系。① 在资助政策体系调整的过程中，要由保障型调整为发展型，用教育阻断代际贫困的传递路径。当前，我国的资助体系还属于保障型，杜绝了大学生由于家庭经济收入低而失学的情况，能更好地体现出教育公平，提升资助育人的价值，促进学生可持续发展。然而，资助育人不能只是满足于让所有学生都能"上得起学"，还要为他们提供相同的成长条件、发展机会，让他们能"上得好学""就得好业""走得好路"②，这才是新时代高校资助育人应追求的更深层次的教育公平。

二是资助育人政策实操性不够。虽然在教育部党组文件中明确规定了资助育人属于"十大育人"体系，但是对于资助育人的专门制度文件很少，对于资助育人的具体条款的规定较为宏观。而且，目前资助政策中育人措施结果性多、过程性少，模糊性多、具体性少，具体措施与资助政策的对应性和融入度低，这不仅反映出我国目前对资助育人的重要性和紧迫程度在认识上存在欠缺，也暴露出我国在资助育人工作中顶层设计不够，这就会影响到资助育人工作的开展和深化。

（二）资助育人要素缺乏有效整合

资助育人要素是工作开展的基础和载体，将资助育人的各项要素有效整合，统筹规划，合理利用，可以使资助育人功能得到更好的发挥。但是，当前高校学生资助工作彰显的育人功能相对不足，在工作运行时缺乏系统性思维、整体性视野和统筹性规划，其重要原因就是学生资助育人各类资源的内部整合不够，碎片化的育人思维和工作模式导致了工作的重复性高，资源利用效率低，资助育人聚合效能低。

一是资助育人意识缺乏整体性。在资助育人实践中，很多育人主体都是以提高办事效率、确保学生顺利完成学业为工作目标，缺乏培养人才的长远眼光。资助育人是一项综合的系统工程，不仅仅是为满足学生基本的生活需要或让其顺利完成学业，资助育人的工作目标应在更高位的视野下进行。换

---

① 徐英，李天悦. 发展型资助：新时代高校学生资助发展的新维度 [J]. 教育评论，2018（2）.

② 杨振斌. 做好新形势下高校资助育人工作的实践与思考 [J]. 中国高等教育，2018（5）.

句话说，资助育人者应跳出具体的资助育人事务性工作，构建整体的、长期的、多维的育人思维，将碎片化的、事务性的工作纳入整体的育人规划，搭建整体育人框架，服务于大学生学业、认知、情感、心理等多维度的全面发展。而资助育人者缺乏系统性的育人思维和资源整合意识，是资助育人推进缓慢的重要原因。

二是资助育人功能的结构性不平衡。学生资助如其他事物一样，是一种复杂的综合体，包括物质保障、精神支撑、心理安慰、能力拓展和素质提升等多种功能。但是，在我国高校助学工作中，存在的对高校助学工作定位、认知与发展理解的较大偏差，阻碍了高校助学工作的顺利进行。首先，对资助育人的总体作用和各种资助形式的精神内涵认识不足。总体上重视资助而忽视育人、重物质需要而轻精神需求、重短期保障而轻长期发展的现象比比皆是，学生资助的意义和价值一直处于被动发展状态。具体到实际工作中，由于缺乏分析梳理和统筹规划，资助育人工作简单重复且出现了资源浪费。例如，没有深入分析和整理勤工助学、学费减免等特殊资助方式的资源利用等。其次，资助育人多元化的表现形式没有得到体现。目前，学生资助功能为了追求短期目标和效果，将重点放在了物质需求和前端层面，缺少在长远发展和精神培育上的考虑，停留在物质生活中的资助育人始终无法辅助长效育人的目标。要想将资助育人的效果最大化和持久化，提高学生的素质和软实力，应该契合当代大学生发展需要，设计一系列高质量、满足精神和思想政治教育需求的资助育人计划，发挥受助学生的主观能动性。

三是资助育人物质资源的使用效率低。近年来，我国对高校学生资助投入了大量资金，投入总量和人均金额都已经达到较高水平。但各省份和各高校间的差异依然较大，地区和校际存在分配的结构性失调。资源充裕的学校和地区出现资助的边际效用递减的现象，而资源稀缺的地区和学校反而集聚了大量"应助未助"的学生，这使资源的配置效用没有得到最大化的发挥。虽然边际效用递减现象必定会伴随着制度与政策的推行而出现，但人类经济社会将不断向前发展与进化，这意味着经济社会随着时间的推移不断进步，而且这种发展是永续的。边际效用递减实际上就是"发展进化规律"衍生出的一种新规律。① 由于出现了边际效用递减的情况，人类以多种方式促进效用的提升，而且会因为调整措施而促进国家与社会的创新发展。同样，可以将边际效用递减规律套用到资助育人政策中。边际效用递减现象的发生一方面是资源分配过程中的问题归因，另一方面将会成为资助育人优化资源配置、提升资助政策效率的内生动力。

（三）资助育人评价反馈机制不健全

虽然当前高校资助育人评价已经累积了一定的经验，但还存在着诸多亟待解决的问题。资助育人工作在效果追踪、绩效评价、动态反馈等方面困难重重，造成这些困境的主要原因是高校资助育人评估的反馈机制不完善。

一是评价标准与方式缺乏科学性。科学、客观、有效的评价指标，有利于对高校资助育人工作的开展情况做出客观评价，是进一步完善资助育人工作、健全资助体系、明确资助方向、提高育人水平的必然要求。当前资助育人评价工作在评价标准、评价机制等方面还存在着不够完善等问题。高校资助育人评价标准只是对统一的工作目标、任务等是否完成做出精准评判，但不具备层次化，在执行过程中也不能体现出灵活性。其中，最大的弊病就是没有对学生思想情感、价值取向、个性发展等方面起到促进作用。对于资助育人过程中采用的方式是否科学、采取的手段是否可行、受资助的学生踏上社会之后能实现怎样的发展等问题却往往忽略。评价标准有遗漏或是不合理，会对资助育人实效性的发挥造成影响，制约高校资助育人工作，因此，从客观上讲，这与资助育人本身具有的复杂性特征有关，会造成对育人效果的检验难以量化。高校资助育人工作的潜隐性使育人效果很多时候是潜移默化地受综合因素的影响，其目标是构建促进受资助学生全面发展的综合育人机制，并与其他育人工作协同融合，而非简单的因果关系。当然，其具有成效难以量化、考核难以直接呈现，也难以凸显工作中的亮点与成绩的特点，这种成果评价的困难不仅不利于资助育人者把握和了解工作的实际进展，而且评价机制中事务性工作的权重较大，不利于激发其育人的成就感和积极性，就会造成资助育人者更多地关注评价指标中的得分项，而对于育人工作中难以量

---

① 张昆仑. 边际效用递减规律新探 [J]. 现代财经，2004（4）：8-10.

化的项目不重视。

二是评价导向偏离资助育人目标。目前来看，资助育人评价重任务考核而轻育人效果，过于关注组织管理制度，尤其重视对资金使用情况进行考核。对于资助政策能否促进学生获得有效发展、是否对受助学生成长成才给予足够关注等问题缺乏相应的评估，重视工作任务考核而轻视育人效果的评价，造成了资助育人实际工作重心的偏离。高校资助育人涉及财务支出，对工作的业务流程要求严格，学校层面最关注的就是资金款项是否规范正确发放，并避免出现工作失误。在对相关工作做出评价时，会把更多的精力用于分析工作的开展是否规范，而忽视高校资助育人工作的创新性、主动性和灵活性。评价结果应把业务管理能力当成关注重点，对资助材料是否完整、项目是否得到有效执行、资金能否及时发放给学生等方面予以重视。而在资助效果的评价方面，过多关注短期的资助成效，如通过在校学生满意度问卷来调研资助成效，而缺乏长期导向。

三是评价反馈机制不够完善。当前高校资助育人的评价工作往往由上级行政主管部门通过工作任务完成的质量来评价高校资助育人工作的等级。育人工作的评价通常是由受助对象获得的各类具备显示度的奖项来证明育人效果，但这些奖项能否证明受助对象的全面发展和综合素质的提升，尤其是在思想层面是否有所提升，还存在一定的探讨空间。此外，教育主管部门与高校之间还存在着互动监督机制不健全等问题。如高校与政府之间存在沟通机制不健全、自评和评价不够客观、与实际情况存在偏差等问题。当前，部分省份委托第三方评价机构开展高校资助育人评价工作，这种方式有利于划清政府与高校之间的权责界限，基于第三方视角审视问题更加客观，并可以促使第三方机构、教育主管部门、学校之间起到互相监督的作用，对健全互动监督机制、压实主体责任具有积极作用，有利于推进资助育人工作持续发展。

四是评价结果反馈的充分性不足。评价结果反馈是资助育人的最后一个环节，其反馈的及时性与准确性将直接决定资助育人工作能否在接下来的环节中得到科学的指导。但如果及时反馈了评价结果，评价结果数据未得到充分及时的分析和利用，那么时滞越长，结果的利用效率就越低，评价结果数据的有效性和可靠性也会随之降低。这会使时间与评价效用之间形成反向关系。而在实践中，很多评价结果反馈到高校的周期过长，高校在获取评价结果后，也未对反馈结果及时进行分析和利用，导致反馈结果没有及时传达给资助育人相关单元，对资助育人的后续工作开展造成一定影响。

四、资助育人场域复杂化挑战

资助育人的场域是由资助育人教育者根据育人需求共同建构与维护的，是进行资助育人实践活动的空间网络。"一个场域实际上就是一个网络，多种位置同时出现在这个网络之中，可以将其看作一个构型，但要客观限定网络中的每一个位置。"① 比如，校园、社会、家庭、互联网等都是资助育人的场域。但育人场域之间并非完全孤立的独立空间，而是互相交织联系的。育人场域是一个大的概念，课内与课外、线上与线下、校内与校外等都是其中的一部分。在开放而多维的空间中，所有的育人载体都要产生作用，包括政府、学校等，这样能改变育人场域过于单一的局势，使之成为多载体的集成。与此同时，不同场域的范围往往并非绝对隔离而是交互重叠的，这就决定了资助育人工作包含着不同力量主体关系的冲突、摩擦、调适与融合。场域中的每个因素都会对行动者产生影响，促使其行为发生改变。如果场域中的因素能对行动者产生积极影响，他们就会不断调整自己的行为。从中可以看出，要想让场域中的行动者发生积极、正向的行为，就要利用好同场域中的每个因素。要保障高校资助育人工作的有效性，拓展资助育人的广度与深度，就必须主动占领各育人场域，充分把握和认识现阶段资助育人场域的复杂化，发挥各场域的融合互补优势，提升资助育人效能。

（一）市场经济快速发展下的社会思潮

我国尚处于社会主义初级阶段，区域经济发展差距、贫困差距尚未彻底消除。当前的经济发展不平衡、家庭收入差距颇大等情况，映射在大学生活中，就是同为一个班或一个宿舍的同学千差万别的家庭经济状况。大学生如果不能客观、辩证地看待这些问题，就容易在思想上有偏激倾向，对党和政

---

① 布迪厄，华康德. 实践与反思：反思社会学导引 [M]. 李猛，李康，译. 北京：中央编译出版社，1998：133-134.

府产生不满，产生负面消极情绪。市场经济的发展，让人们的生活质量有了巨大改变，但伴随着飞速的变革也暴露出一些弊端。一方面，以拜金主义、享乐主义、精致利己主义等为代表的思想意识，也影响到部分大学生的价值观念。市场经济中的人把更多精力用于对物质的追求，社会上出现了一系列由物质利益引发的不良现象。物欲的持续膨胀导致在集体主义、共产主义、乐于奉献等方面对学生施加教育时脱离现实情况，教育效果被削弱，也引起了学生质疑。另一方面，面对经济的快速发展和社会竞争的日趋激烈，不能正确认识努力学习、工作并创造财富的重要性，而是产生"佛系文化""躺平文化""随缘思想"等一系列消极思想风潮。这种与"积极向上""努力奋斗""拼搏进取"相悖的思想存在于大学生群体中，对大学生的价值观带来负面影响，对开展资助育人工作带来了巨大挑战。

（二）新媒体时代网络信息的舆论冲击

随着信息和互联网产业的飞速发展，新媒体技术的盛行和普及使校园环境不再封闭，尤其是短视频、新闻客户端、微博、微信等各类 APP 的广泛使用，使大学生即使不出校门，也可以随时随地接收来自全球的信息和奇闻逸事。与现实生活不同的是，大学生在校园环境或社会的接触面非常有限，而网络快速拉近了人与人之间的距离，打破了现实生活的圈层壁垒。这为涉世未深、长期处于象牙塔中的大学生打开了新世界，但对高校资助育人工作造成了困扰。一是群体极化现象的萌发。根据传播学中的"信息茧房效应"[①]，大学生尽管能获取丰富的网络信息，但他们对网络信息进行甄别和筛选的能力不足，在纷繁复杂的网络信息中，只会选择符合自己兴趣的内容去关注。网络媒体为了赚取大学生流量，会抓住他们的兴趣点提供信息，这样就会导致他们原有的喜好更加固化。于是，大学生会频繁登录自己喜欢的网站，与同自己有一样爱好的人交流，使大学生群体无形中被划分为不同的群组，形成信息茧房，"群体极化"现象由此形成。再加上大学生容易受到多元思潮的冲击，也会在一定程度上影响他们的人生观和价值观。二是外部环境复杂多变。国内外敌对势力虎视眈眈，大学生作为中国发展的希望和未来，自然会

---

① 喻国明. 信息茧房禁锢了我们的双眼 [J]. 领导科学, 2016 (36): 20.

成为他们的侵蚀目标。例如，有些学生看到网络上一些美化西方意识形态的内容，便不加分析地予以接收，甚至会对西方政治制度表示认同，进而调整自己的价值取向，甚至在同学中传播这些内容。一些别有用心的人利用社会上的一些事件或断章取义的内容煽动学生对党、政府和学校产生不满情绪，这都严重污染了资助育人的环境。又如，一些学生在网上看到"网红"以看似简单的手段快速致富，容易产生对学习和综合素养提升的厌烦心理，而在巨大的金钱差距对比冲击下，一些经济困难学生容易产生焦虑和自卑心态。在这种情形下，大学生容易误入歧途，如被诱骗参加传销、诈骗等非法活动，或是陷入"校园贷""套路贷""裸贷"等金融诈骗陷阱中。

（三）高等教育变革下的校园环境变化

新中国成立以来，我国高等教育事业发生了天翻地覆的变化，这些变化都或多或少地影响了高校的资助育人工作，并对其发展起到了一定的促进作用。立足新时代坐标，高等教育在任务方针、规模结构、发展方式等方面都发生了重大变革，而高校资助育人的大环境也随之发生巨大变化。

一是立德树人成为高校治学育人的根本任务。新时代的高等教育要坚持把立德树人融入办学治校的各个领域、各个方面、各个环节，以树人为人才培养的核心，以立德为人才培养的根本。高校资助是高校工作的一个重要环节，要切实落实立德树人的基本要求，适时地回答其在立德树人中的作用和途径。二是新时代高等教育的飞速发展和革新。我们党的教育方针是把培养学生的全面发展作为起点，建设具有中国特色的世界一流大学。一流高校是整体的一流、全面的一流，不仅要有一流的学科实力，还要有一流的管理保障和一流的学生。两者都需要以实现家庭经济困难学生的全面发展为前提，让他们茁壮成长为"合格的建设者和接班人"。因此，高校资助育人要在一流大学的建设过程中抓住机遇，快速发展。三是我国高等教育规模走向世界前列。改革开放以来，高等教育毛入学率不断提升，到 2020 年年末升至54.4%。① 我国高校的办学规模和在学人数等多项指标已经超过了其他国家，

---

① 2020 年全国教育事业发展统计公报 ［EB/OL］.（2021-08-28）. http://www.moe. gov.cn/jyb_ sjzl/sjzl_ fztjgb/202108/t20210827_ 555004. html.

然而，在对高校发展质量做出评价时，不能以规模是否实现了扩张为依据。高等教育在我国的发展，既要有规模，还要保证质量，更要体现丰富的内涵。高等教育实现内涵式发展的根本要害在于构建高层次的人才培养机制，而强化德育工作机制是高校实现内涵式发展的关键。四是逐步开放学校的育人环境。互联网的高速发展无形中打破了校园与社会之间的空间界限。从空间上来看，社会空间对校园空间的侵占造成了学生存在认知失调的问题。从主观视角来看，高校的开放有开阔大学生眼界的积极一面，也有对受资助学生造成矮化资助认知的消极一面。有些受资助的学生还会产生一些不健康的心理问题，不能正确认识和顺应社会和个人的发展要求。从客观视角来看，社会新思潮和新观念的涌入，吸引了大学生对传统学校教书育人理念的关注，但也在一定程度上造成学生与高校原有组织架构系统格格不入、逐渐疏离的不良现象。

综上所述，高校资助育人目前主要存在资助育人者主体作用发挥不足，对资助育人对象认识存在偏颇，资助育人各要素间协同性较弱和实施成效评估难度大等现实问题。这些问题的产生与当前我国高校资助育人总体发展不成熟，育人工作的单向度思维模式，育人过程系统性缺陷以及育人场域复杂化密切相关，需要对资助育人的运行体系及支持系统进行进一步优化重构，从内部和外部、主体和客体、局部和整体等方面提升资助育人系统的育人实效。

第四章

优化新时代高校资助育人实施过程

资助育人是资助手段与育人目标的内在统一，资助育人的实施过程主要由目标、原则、内容和路径共同构成。清晰的育人目标、正确的育人原则是资助育人运行的方向标，是资助育人内容确立的依据和基本遵循。高效的实施路径是资助育人体系的主干道，只有科学高效的实施路径才能将资助育人的目标、原则和内容充分展现，达到资助育人的良好效果。在新时代高等教育场域中，优化高校资助育人的实施过程，不断推进资助育人科学、良序发展，需要增强育人目标导向，瞄准资助育人的正确方向；明确工作原则遵循，深化资助育人的理念认同；整合育人内容体系，充分挖掘整合育人资源；搭建高效方法路径，深入推进各方协同。

第一节　增强高校资助育人目标导向

思想政治教育目标是思想政治教育过程的起点和归宿，它概括了时代对受教育者的要求，体现着国家、社会和教育者的期望，规定了人的思想政治品德的发展方向，在整个思想政治教育过程中起着导向、激励、调控作用。[①]新形势下，高校确立了深入落实立德树人根本任务的总目标，对高校资助育人目标提出了更高要求，需要强化对受助学生在认知、学识、能力、发展等

---

① 《思想政治教育学原理》编写组. 思想政治教育学原理 [M]. 北京：高等教育出版社，2019：154.

方面的引领，让他们能在完善的保障下完成学业，享受教育公平带来的发展机会，感受党和国家的关怀，追求自己的人生目标与价值。

一、资助育人目标导向的依据

作为一种以资助为载体的育人模式，科学合理的目标导向是资助育人有序发展的基本前提，直接影响着资助育人工作的科学性、合理性和有效性。资助育人目标的确立依据主要包括思想政治教育学理依据和资助育人工作实践依据两个方面。

（一）思想政治教育学理依据

高校学生资助育人是学生思想政治工作的一种特殊形式，具有思想政治教育属性，是思想政治教育学科范畴的研究领域。资助育人目标的设立，必须依据思想政治教育学科的理论和框架进行，符合学科整体的研究规律与范式。在思想政治教育学科领域中，思想政治教育要构建目标体系，要以塑造理想人格、引领正确行动、培养良好品质为目标。① 具体而言，在人才培养过程中，学生的思想与人格、行为与态度都要符合社会主义现代化建设的要求。② 高校资助育人必须以此为根本目标，着力提高大学生认识世界和改造世界的能力，从人格、品质、行为三方面对学生提供及时到位的指导，在提升学生个人能力素养的同时，彰显思想政治教育的社会价值和意识形态属性。

（二）资助育人工作实践依据

资助育人是一个具有极强实践性的论题，资助育人必须在具体工作实践的基础上确立发展目标；必须综合考虑过去的资助育人经验、新时代对资助育人的新要求、现阶段资助育人对象的特征等多方面的因素制定资助育人目标。新时代资助育人的目标必须坚持实事求是、与时俱进，只有根据现实情况的不断发展变化提出动态、科学、客观的目标，才能保证确立的目标是可实现的。想当然地制定不切实际的目标，不仅不能促进资助育人的发展，反而会因为目标的偏航导致工作效果变差。

---

① 张耀灿，郑永廷，等．现代思想政治教育学［M］．北京：人民出版社，2006：137.
② 陈秉公．思想政治教育学原理［M］．北京：高等教育出版社，2006：225-226.

二、资助育人目标体系的确立

高校资助育人是关乎人的事业，其目标始终指向育人对象，并通过人的发展得以体现。根据资助育人的内在构成与发展实际，按照资助育人目标确立的依据和原则，可借鉴思想政治教育学科中按照教育对象划分的目标体系建构方式，按照如下三个层次建构资助育人目标体系。[①]

（一）社会目标是总体方向

从社会层面来看，思想政治教育的根本目的就是以思想政治教育活动为依托，使社会中每个成员的思想都变得积极向上，行为举止更加文明。符合法律与规则的要求是宏观场域和背景对目标自身的规定。[②] 从社会背景规定目标，即社会意义的目标来看，与个体目标相比，社会目标明显上升到了新层次，可以从文化、经济、政治三大领域设定具体目标。虽然高校是资助育人的主场地和主导者，但高校资助育人的影响和作用目标不应局限于高校内部，而应具有深厚的社会意义，达成一定的社会目标。社会目标关系着高校资助育人的本质意涵和总体方向，只有清晰厘定并扎实确立目标，才能从根本上保证高校资助育人的发展方向及目标的实现。

一是政治目标。政治目标的实现，能让统治集团的根本利益得到维护。其一，资助育人是中国共产党以人民为中心执政理念的体现。这是百年以来中国共产党人不懈奋斗的目标，并将这一目标凝聚在"全心全意为人民服务"这一党的根本宗旨中。这就决定了我国的国家制度和国家治理体系始终坚持以人民为中心，国家政策的目标指向都是围绕着实现好、维护好、发展好人民群众的根本利益。大力发展高等教育，积极推进教育公平，通过资助育人为国家和社会培育人才，才能让群众的权利得到维护，让经济社会中各个领域的发展取得更优异的成绩。这符合人民的需求，能体现出人民的意志。其二，资助育人不只关系着教育事业的发展，也关系着中国特色社会主义建设

---

① 《思想政治教育学原理》编写组 . 思想政治教育学原理：第 2 版 ［M］. 北京：高等教育出版社，2019：157.

② 《思想政治教育学原理》编写组 . 思想政治教育学原理：第 2 版 ［M］. 北京：高等教育出版社，2019：158.

各项事业的成败。进入新时代，面对各种风云变幻的风险和内部矛盾冲突的挑战，党和国家对于思想政治教育发挥作用的需求更加迫切。① 资助育人作为高校思想政治工作的重要内容，在加强党的领导、巩固党的执政根基、培育党的接班人方面发挥了重要作用，也是高校资助育人需要达到的政治目标。

二是经济目标。新时代背景下，现代教育尤其是高等教育在知识经济时代显得更加重要，只有国民素质实现了整体提升，知识经济才有可能快速发展。一个国家之所以强大，是因为其率先实现了经济发展，在经济方面有着雄厚的实力，而人才质量和储备量是经济实力发展的关键影响因素。教育，尤其是高等教育的主要目的就是培养更多建设国家的优秀人才和后备力量，为国家增加人力资源储备，这是促进社会经济发展的重要手段。这对于我国从根源上解决区域间经济发展不平衡和促进经济产业结构优化具有重要的作用，在新时代中国取得脱贫攻坚战全面胜利的背景下，高校资助育人是阻断代际贫困、巩固和拓展脱贫攻坚成果、防止返贫的重要工作。

三是文化目标。政治和经济目标是文化目标实现的条件和基础，而文化目标也会制约政治和经济目标的实现。"一个国家受教育的人数越多，层次越高，精神文明程度就越高，社会就越稳定和繁荣。"② 要想从整体上提高精神文化生活质量，必须拓宽高等教育的覆盖面，营造和谐文明、健康奋进、有序发展的社会文化氛围。同时，资助育人可充分挖掘红色革命文化、先进网络文化、中华优秀传统文化、优良家风文化等丰富的文化资源，涵养资助育人对象的精神品格和道德情操，提升其整体的社会文化素养。此外，积极推进高校资助育人，宣传资助育人理念，可吸引和激励社会力量参与教育事业的发展，推动在全社会形成重教助学、奉献爱心、收获希望的良好社会风尚。

（二）群体目标是基本保障

高校资助育人的群体目标，是指其作为社会分工或职业活动依据的体系建设目标，即资助育人是作为一项集体活动或工作系统的建设目标。作为连接社会目标和个体目标的桥梁，群体目标直接影响着社会目标和个体目标的

① 冯刚，张晓平，苏洁．中国共产党高校思想政治教育发展史 [M]．北京：人民出版社，2021：141．

② 杨德广，张兴．论教育的公益性和产业性 [J]．江苏高教，2000 (5)：13．

实现，起着承上启下的关键作用。

　　资助育人是由学生资助延伸出的一项育人活动，作为高校的一项具体工作，需要站在整个学校资助工作的视角考察其效果。群体目标作为中观层面的目标，应更多关注整个资助育人工作中工作流程、工作机制、工作队伍和工作保障等方面的优化，这项工作的运行流畅程度和工作效率，直接影响着资助育人的微观目标，也就是资助育人对象个体的教育成效，也直接关涉资助育人对整个教育事业发展和社会民生发展所发挥的效力。

　　可见，高校资助育人工作的整体发展目标规划，关系着高校资助育人社会目标的达成，也牵涉个体目标的实现。因此，必须建立整体性视野，从高校思想政治工作的整体视角统筹考虑，既要充分关注资助育人工作本身的运行发展，也要将其内嵌于高校育人治校的整体规划中，科学合理地制定资助育人的发展目标。

　　（三）个体目标是本质规定

　　个体目标指的是这项活动中个体应达到的预期效果。由于个体所处的环境及其自身的状况千差万别，资助育人的个体目标也要因人而异。总的来说，资助育人的社会目标对群体目标和个体目标的实现起到支配的作用，是重要的主导因素，会影响个体目标和群体目标的设定与实现。资助育人的社会目标在设定时，要同时关注个体与社会两个方面，只有两个方面的目标都达成之后，资助育人才能通过促进个体发展，来促进群体和社会的全面发展与进步。

　　资助育人的个体目标可以从三个维度来考量。一是资助育人对育人对象心理状态的改善。资助育人应起到改变受助学生潜在的消极心态和悲观思想的作用。通过精神引领和心理疏导将个体的消极情绪转化为积极动能，培养学生良好的心理素质和积极健康的心态，这是资助育人促进学生全面发展的基本前提。二是资助育人对育人对象思想道德水平的提高。资助育人本质上属于思想政治教育中的一个类别，需要对学生进行思想道德修养的培育和提升。由于资助育人的特殊性，资助育人除了对学生进行普适性思想道德教育外，还要侧重于诚信教育、自强自信教育、责任教育、感恩教育等方面，从而使资助育人的社会目标和群体目标相呼应。三是资助育人应促使学生形成自我发展、自我教育、自我培养的自觉个体和育人主体。只有这样，才能充分发挥育人对象的主观能动性，挖掘其自我成长意识和发展目标，使其个性得到充分发展，实现资助对象作为"人"的价值，促进学生综合能力和素质的充分发挥，帮助学生成为个人价值得到充分体现、全面发展的人。

第二节　明确高校资助育人原则遵循

资助育人是具备科学性的人才培养模式，蕴含着丰富的教育内涵和育人理念，其工作的开展需要有明确而具体的原则。资助育人的原则应符合资助育人的目标，遵循育人的规律，符合高校管理的实际情况。但具体应遵循什么样的工作原则，如何贯彻实施，以实现我们的资助目标和育人目标，还需要进一步探讨和分析。

一、资助育人原则构建的依据

"原则"是指办事过程中必须遵守的准则，或是在长期实践中逐渐总结出来的经验，能使事物发展的结果更加合理。高校资助育人的原则可以阐述为：在资助育人过程中，不仅要协调好多种关系，也要按一定的准则行事，还要摸索出资助育人的规律，彰显其工作的价值性。原则要用于指导资助育人的全过程，渗透到资助育人的各个环节，体现资助育人的本质，是资助育人有序进行的基本规范。资助育人确立原则时，不仅要结合长期实践中积累的经验，也要得到科学理论的支撑。因此，对于遵循怎样的原则实施资助育人活动，既要符合思想政治教育规律，也要顺应资助育人目标。科学认识资助育人原则的构建依据及作用，对确立资助育人原则架构、正确运用资助育人原则、实现资助育人的目的具有重要的理论和实践意义。

（一）资助育人工作规律是基本依据

资助育人的基本原则应遵循高校育人工作规律。习近平总书记提出了高校思想政治工作应遵循的三大规律。资助育人只有遵循思想政治工作的"三大规律"，才能达成育人的目标。资助育人原则的确立应建立在对高校思想政治工作规律深入认识的基础上，并结合资助育人工作的实际。只有符合规律、契合实际情况的原则才有可能是正确的。思想政治工作的规律，就是思想政治工作全部活动过程中各种相关因素之间内在的联系，要从复杂多样的现象中分析本质上的必然联系，就要遵守教育发展的客观规律。高校资助育人原则也应该是在加深对高校资助育人规律的认识后，结合实际工作的特殊性抽象出来的。因此，确立资助育人原则，必须遵循高校资助育人规律。

（二）资助育人目标体系是现实依据

如前文所述，资助育人目标规定着资助育人的原则、内容与方式，制约着整个资助育人过程，既是资助育人的起点，也是资助育人的终点。原则是为了达到目标而存在的，目标则可以反映出原则的需求。因此，资助育人原则是指按照资助育人目标建立的实践遵循。资助育人是一个包含许多内部关联要素的复杂系统，每个要素的运演都有其自身的规律和原则，这些原则具有互动性、系统性、动态化等特征，共同为资助育人的目的服务。资助育人的目标随着社会发展而变化，而资助育人的原则也随之改变。所以，推动资助育人的有效性，要构建既符合资助育人规律又能体现时代特征的资助育人原则体系。

二、确立资助育人的原则遵循

遵照资助育人的原则构建依据，结合资助育人实际工作中的经验与不足，对资助育人原则体系进行构建，主要包括以下三方面。

（一）物质资助与全面帮助相结合

物质资助是通过为贫困家庭学生提供物质上的帮助以支持其学业和基本生活的一种帮助方式。"全面帮助"是对贫困家庭学生进行资助的一种延伸和需求，即除提供物质上的支持外，也在精神、心理、学习、素质、能力等方面给予支持，从而使其得到全面发展。高校助学工作的最初动因就是要解决贫困家庭学生的入学问题，其中最大的问题就是经济困难。因此，及时、公平、公正地为他们提供各种物质上的援助，是资助育人的首要功能，也是最真实的教育目的。缺乏资金支持的学生资助，注定是不可能实现的。家庭经济困难不但会让学生的生活变得更加艰难，还会造成学生心理、精神、学习、身体素质等各方面的压力和问题，从而影响他们的健康成长和全面发展。因此，必须统筹考虑，采取综合措施，防止掉入简单物质帮助的单向度框架中。一方面，坚持物质资助与全面帮扶相结合。必须将解决好家庭经济困难大学生的经济困难问题放在首要位置，满足其基本物质需求，使其能够有接受教育的机会和条件，这是资助育人的首要目的。另一方面，对不同类别的家庭经济困难学生需要进行针对性教育。形成家庭经济困难的原因有很多，不同类别的学生需要的帮助是不同的，应避免出现"一刀切"的简单化处理。此外，还要站在总体性视角处理经济困难问题及因经济困难而引发的次生问题，真正起到全面帮扶的作用。

（二）短期资助与长效育人相结合

所谓短期资助，就是在学生成长过程中一个相对需求的范围内，为其提供资金支持。长效育人是指育人的连续性，也就是育人要贯穿资助前、资助中和资助后的各个阶段和整个过程，确保资助育人工作和效果的连续性。学生资助是一种动态的、阶段性的过程，往往取决于资助政策的要求、资助育人对象的经济情况以及学生资助的资金情况。学生资助资源的有限性和奖优助困的性质，使其在一定时期内仅能给予一定的物质激励和援助。在助困方面，当受助对象的经济状况逐步好转时，要适时进行调整和优化。在奖优方面，要根据情况的变化及时调整措施和奖励对象，以确保政策实施的针对性和有效性。当前的学生资助活动是有时间限制的，一旦学生离开学校，资助活动就会停止，不再与学生有任何关系。如果高校的资助制度仅停留在特定时期，就很难对受助学生产生终生影响，也就无法达到预期价值。而长效育人是指思想政治教育贯穿学生资助与教育教学的整个过程，使接受高等教育后的资助育人对象仍能受到育人的效果影响，并对学生以后的社会生活和工作发挥积极正面的作用。长效育人体现的是思想政治教育无时不有、无处不在的特点。资助是手段，育人是目的。资助工作虽然是在特定时间、有特定对象的，但资助育人是更长时间、更大范围的，并不能仅仅局限在受资助的那一刻，也不应随着资助行为的结束而终止。一方面，坚持短期资助与长效育人相结合体现了资助育人的前瞻性。要达到长效育人的目标，必须具有整体性视野和前瞻性，设计好资助育人的整体思路和框架，保障资助育人科学有序地开展。另一方面，对资助育人的延续性和衔接性也提出了要求。资助育人是一个系统工程，应注意各项工作的连续性和衔接性，避免育人工作过于碎片化和零散化导致的无效育人。

（三）显性资助与隐性育人相结合

显性资助指的是以公开的形式有目的、有组织地对资助育人对象进行资助，其运行具有明确的制度规约、程序要求和针对对象，对工作流程的公开公平性具有较强的要求。隐性教育是指"利用隐性思想政治教育资源采用比较含蓄、隐蔽的形式，运用文化、制度、管理、隐性课程潜移默化地进行教育，使受教育者在有意无意间受到触动、震动、感动，提供思想道德素质的教育方式"[1]。可见，隐性育人选择了一种润物无声的方式引导学生的德行修养和思想观念，其最大的特点在于潜隐性和渗透性。高校资助育人需要有机结合显性的资助手段和隐性教育的方法，使之共同发挥培养人才的作用，达到工具理性和价值理性的统一。在长期的资助育人实践中，育人主要通过各类宣传、实践活动"自上而下"地对教育对象进行"填鸭式"灌输。如果单纯使用这种单向灌输式的显性教育方式，可能会激发学生的排斥和逆反心理，效果欠佳。资助育人具有特殊性，其重点关注对象为家庭经济困难学生，他们因为经济上的窘迫、成长环境的贫困，可能出现自卑、抑郁、迷茫、胆怯的心理，在育人过程中要考虑保护学生的自尊心和隐私，既要特别关注学生，又不能大张旗鼓地"区别对待"学生。而对于奖学金的资助对象，是学生中的优秀群体，应发挥榜样示范作用，引导广大学生向其学习，但如果一味地夸赞奖学金获得者，生硬地宣传，也难免会让奖学金资助对象在同学中陷入尴尬境地，育人效果也难以达到预期。因此，将显性资助与隐性育人相结合进行资助育人是十分重要和必要的。要坚持显性资助与隐性育人相结合，需要注意三方面：一是注重融合性。要将资助工作与育人活动充分融合，在资助工作中顺势发挥其育人功效，避免资助和育人变成两张皮的情况。二是注重渗透性。隐性育人就是要将育人工作渗透到教育的各个环节和各个方面，

---

① 郑永廷. 思想政治教育方法论（修订版）[M]. 北京：高等教育出版社，2010：169.

相较于显性的资助工作，育人工作难度更高，没有统一的工作流程和标准，因此更要注重其渗透性，避免隐性育人的效果"隐形"。三是注重情感性。资助育人的对象是人，关乎人的工作必然关注到人的情感，要想达到良好的育人效果，必须注重对资助育人对象情感上的浸润和转化。对于资助育人对象的引导和教育只有做到情感上的贴近和交融，才能达到育人的目的。

第三节 建构高校资助育人内容体系

资助育人的内容是资助育人工作的核心部分，资助育人的目标、原则都需要通过育人的内容来实现。当前资助育人工作绝大部分停留在经验认识层面上，内容体系的逻辑不清，呈现出重复性、随意性、片面性和碎片化的特征，制约着资助育人实践的发展。因此，在捋顺资助育人内容生成逻辑的基础上，对资助育人的内容体系进行优化和重构，是推进资助育人工作快速发展的关键。

一、资助育人内容体系的构建逻辑

资助育人的内容是按照一定的社会要求，针对育人对象的实际情况，经资助育人者选择设计后，有目的、有计划地传导给育人对象的、具有正向引领作用的育人信息，是根据资助育人目的和任务以及育人对象发展需求而确定的。育人内容作为资助育人系统的核心部分，能否发挥出实效性，主要取决于该系统本身是否科学、合理，只有教育内容真正打动人心，能产生较强的说服力，才能对被教育者的行为产生引导作用。所以，首先要回答"资助育人的内容怎样才能保证合理性？"的问题。资助育人是一种关于人的实践活动，在对其内容是否合理做出评价时，既要以中国特色社会主义发展规律为参照，也要与人的思想形成规律保持一致。① 具体来说，资助育人内容既需要

---

① 陈娟，庞立生. 思想政治教育内容合理性及其实现研究 [J]. 广西社会科学，2021（1）：171-176.

教育内容契合资助育人的目标和时代发展的要求，又需要真正契合教育对象的需要，坚持内容体系设计的整体性、系统性和针对性，选择一些能产生较大感染力、吸引力的内容。资助育人目的和任务内在规定的层次性、资助类型的丰富性、育人对象的需求和实际情况的多样性，意味着要从更广的范围为资助育人选择合适的内容，保证内容的多维度化与层次化，这些构成了资助育人的内容体系。基于此，在研究资助育人内容前，需要先厘清资助育人内容的构建逻辑，建构逻辑的合理性和适恰度决定了育人内容构建的合法性和科学性。

（一）契合资助育人目标

高校资助育人的基本构成、范围、特点以及发展方向，是由高等教育的办学目标决定的。高校资助育人的内容是有明确目的的，它的建立必须以高校资助育人对象为客观基础，与其整体的办学目标相一致。如前文所述，资助育人目标分为社会目标、群体目标和个体目标三个层次，因此资助育人内容体系的构建应该围绕这三个层次统筹考虑，并突出资助育人的育人本质。其内涵主要有三个层面：第一，高校资助育人的目标是其内容的核心。没有了教学对象的指导，高校资助育人的内容就是一堆杂乱无章的资料，缺乏内在的逻辑性和外部的指向性，变成毫无意义的、没有价值的信息。第二，高校资助育人内容设置必须围绕目标、以服务目标为导向，否则就不能起到教育主体和受教育者之间的桥梁作用，更不能发挥其资助育人的核心作用和效用。第三，要充分体现高校资助育人不同层级的目标。一方面，要全方位体现社会目标、群体目标和个体目标的不同要求，积极促进不同层次目标的达成；另一方面，资助育人内容主要面向资助育人对象，即每个个体，育人的切入点和内容的映射点都要作用于每个具体的资助育人对象。因此，在内容设计上要聚焦育人对象的具体实际及其发展，使内容充分作用于每个育人个体，实现育人对象个人的成长和发展。

（二）适配不同对象特征

资助育人对象来自不同家庭，是在不同社会环境中成长起来的，彼此之间的差异体现在社会经验、处世态度、综合素质等多方面，具有多样化特点。高校资助育人必须抓住这一特点，根据学生的个性特征、思想状况和所处阶段等特点，有针对性地制定并落实教育内容。一是从资助育人对象接受资助的类别出发，选择合适的切入点实施教育内容，进行恰当的引导。由于资助体系中资助项目十分丰富，不同的资助类别面向的资助对象是不同的，如奖学金主要奖励学习和综合表现优秀的学生，助学金面向的是家庭经济困难学生，学费补偿代偿面向的是符合国家政策导向就业或相关专业的学生，还有未接受资助的学生，这些都是资助育人的对象。因为不同类别的资助育人对象在资助育人内容上有不同的侧重点，所以育人内容的切入点要准确，既要考虑普适性，也要考虑不同类别对象的差异性。二是根据受教育者目前的人格发展状况和现实发展程度决定培养的内容。资助育人内容如果超出育人对象的实际水平太多、难度太大，就会导致育人对象缺乏学习和发展的动力。如果达不到他们的实际水平，就无法产生引领作用。可见，教育内容要与个体发展水平相适应，可以提出略高于教育对象现有发展水平的、通过努力就能达成的目标。这可以让资助育人对象形成强烈的个体学习意识，不断朝着目标前进。

（三）符合育人对象的需求

育人内容是连接资助育人者与资助育人对象的桥梁和纽带，是资助育人者发挥育人功能的载体，也是资助育人对象接受教育的来源。其内容建设不仅要符合资助育人者完成教育目标的要求，也要与资助育人对象的需求保持一致，要与人才成长目标相符，这样才能对资助育人对象的成长产生积极影响，才能不断激发资助育人对象接受教育、自我学习的内生动力。在现阶段的资助育人实践中，普遍存在重视社会教育目的、忽视资助育人对象自我需求的情况。这种单向输出造成学生受教育的积极性不高，很多育人活动收效甚微。因此，高校资助育人的内容优化需要了解并适度满足资助育人对象的需求。一是资助育人对象的直接需求。学生在追求梦想的道路上难免会遇到残酷的考验，也将面临大量现实问题。思想政治教育工作者要为学生梦想的实现提供服务，要深入学生的生活与学习，了解他们遇到了什么困难、需要什么帮助、面临什么思想困惑等，在对上述情况回应的过程中，思想政治教育才能发挥出实效。① 因为只有解决了学生面临的实际问题，学生才能进一步

---

① 冯刚，金国峰. 新中国成立 70 年来高校思想政治教育的发展动力、经验和展望 [J]. 思想理论教育，2019（10）：37.

对主流价值观予以认同，如果不能保证这一点，则思想政治教育将难以体现针对性，本质功能将无法得到充分发挥。二是关注学生内心的隐形需求。除了学生直接表现出的现实需求，学生在精神、情感和心理等方面也有一定的需求。这种需求往往是隐形的，不仅外界难以发现，就连学生自己也不能客观地认识和及时发现。这就需要对教育对象身上存在的问题给予关注，结合他们的需求确立教育内容，通过多样化的方式吸引他们的注意，让他们能接受教育。三是关注学生未来的发展诉求。资助育人的目标是促进学生全面发展，这种发展不是学生在校期间的阶段性发展，而是要影响学生一生的发展。因此，对于学生的需求，既要以现实为依据，又要着眼于未来，充分考虑到社会发展对新生代力量的要求，符合社会发展的潮流。

（四）紧跟时代发展要求

随着社会的发展和资助育人对象的变化，资助育人内容也处于不断的发展变化中，具有鲜明的时代性。确立和实施资助育人内容不能落后于社会发展和学生成长，而是要把握住时代和社会发展变化的实际情况，同时分析受资助学生的思想、心理等，让教育内容体现出鲜明的时代特色。一是资助育人内容要与时俱进，顺应时代发展趋势，为社会发展培养新人才。在新时代背景下，要将充满时代气息的思想和精神传递给资助育人对象，引导资助育人对象对世界发展情况做出评价，客观认识国内发展形势，增强个人追求与祖国发展的一致性。二是资助育人内容要体现出现实性。只有充分契合现实社会发展情况，才能让资助育人内容对资助育人对象产生吸引力。当今世界正处于百年未有之大变局，国际国内形势变化莫测，人类社会各个领域飞速发展，人民生活日新月异，处于现实生活中的资助育人对象不得不面对各种现实问题和挑战。在资助育人内容体系中融入重大现实内容和贴近资助育人对象生活实际的内容，有助于构建具备鲜明时代特征的资助育人内容体系。

（五）符合系统运行规律

系统论方法是指在对客观对象进行改造的过程中要采用系统的观点进行分析。这就需要全面地阐述系统的各个要素、系统、环境以及系统内外的关系，把握其中的规律，继而对系统进行控制与改造。① 高校资助育人内容体系"不是简单机械的相加或组合，而是多因素构成的一个系统，也可以将其称为一个体系，这些因素之间有着无法割舍的联系并呈现出一种结构关系"②。因此，搭建科学、合理的资助育人内容体系，应运用系统论的方法和思路对其进行系统建构，并在契合整个资助育人系统运行规律的基础上，不断探寻内容体系自身的运行规律，才能达至良性发展。总的来说，从系统论方法视角看，高校资助育人内容系统建构与运行应遵循三大原则：一是整体性原则。资助体系包含多种类别的资助方式，不同的资助方式面对的是不同类别的育人对象，这使得资助育人本身具有复杂性。这种复杂属性意味着单一的教育内容不能覆盖育人对象思想的全部情况，必须运用多种内容要素的合力，构建一个内部有序的内容整体。二是协调性原则。资助育人内容体系内部要素之间互相影响，实现协同发展，才能使各自的功能得到充分发挥，才能使内容体系更加完善。三是层次性原则。资助育人内容体系由不同层次的要素构成，这些要素中又包含更多的要素。这些要素以不同的方式呈现，要素之间形成了依附、从属等关系，形成了特定的结构形式，即为资助育人内容体系的层次性。在构建资助育人内容时要把握这种层次性，资助育人内容才能更好地落实和实施。

二、资助育人内容体系的建构

对高校资助育人内容体系进行优化重构，需要从两个层面思考：一是内容体系的内涵要素，二是这些要素之间的内在联系。要素是内容体系的本质和核心，内容要素间的关系则是内容体系的框架，两者紧密结合才能形成整体性、协调性、层次性兼具的资助育人内容体系。按照前文所述的内容体系建构逻辑，结合思想政治教育的基本内容，可将资助育人内容体系划分为思想政治、能力提升、知识拓展三个模块。思想政治内容作用于学生的精神境

---

① 陈万柏，张耀灿．思想政治教育学原理：第 3 版［M］．北京：高等教育出版社，2015：176.

② 熊建生．思想政治教育内容结构论［M］．北京：中国社会科学出版社，2012：198.

界，能力提升内容作用于学生各方面能力素质的提升，知识拓展内容则是资助育人对象应补充的必要知识。

（一）思想政治模块

立德树人是高等教育的中心环节，也是高校资助育人的根本任务。育人首先要"育德"，育人与育德相统一是我国培养人才的一贯做法和优良传统。因此，资助育人的内容应该蕴含以下四方面。

一是思想教育。思想教育即对育人对象进行世界观、人生观、方法论教育，其关键在于坚持用科学理论武装头脑。所有教育活动的开展都要立足于实际，坚持在实践中检验和发展真理，并在实践的基础上实现理论创新。必须加强和巩固社会主义意识形态的主导地位，坚持解放思想，转变观念，指导推动育人对象的学习和生活积极发展。对于高校资助育人的教育场景，思想教育的重点在于三方面：首先是马克思主义理论教育。坚持用马克思主义理论武装头脑，指导资助育人对象正确认识和把握事物发展的内在规律，提高资助育人对象认识世界、改造世界的能力，坚定理想信念，增强对各种社会现象和社会思潮的判断分析能力，勇于同一切错误思想和不良现象抗争。其次是生命教育，包括人生观和生命观教育。引导资助育人对象树立正确的人生价值目标，正确评价人生价值，认识生命、尊重生命，领悟生命的意义和人生的幸福真谛。最后是价值观教育。价值观教育就是要引导学生建立正确的价值判断体系，对学生进行社会主义核心价值观教育，深化学生的情感认同和价值认同，促进资助育人对象的自身利益需求与育人目标相融合。

二是政治教育。政治教育包括立场、信念、观点、纪律等方面的教育，重点是对解决国家、阶级和社会制度等重大政治问题的立场和态度。资助育人工作中的政治教育主要包括三方面：首先要加强爱国主义教育。高校可以通过持续的物质支持来激发大学生对祖国的深厚情感，使学生将对祖国的感恩之情转化为努力奋斗的报国之志。其次要加强法制教育。学生资助是一种制度性、规范性的资助，是在法制轨道上进行的。只有把有关法律法规、学校制度与学生资助工作结合起来，大学生才能认识到助学工作的真正含义，从而更好地维护自身权益，并履行好应尽的义务，树立正确的权利与义务观。最后要加强理想信念教育。对于理想信念的重要性，习近平总书记曾将其比作所有共产党员都需要的精神之"钙"①。如果失去了理想，或是信念动摇了，人的精神就会"缺钙"，出现种种不良反应，对于大学生也是如此。理想信念教育是高校思想政治教育的核心，资助育人的目标是育人对象的全面发展，这必然离不开理想信念教育的科学引领和有力支撑。

三是道德教育。开展道德教育，就是要让大学生的行为得以规范，自觉遵守道德层面的要求和标准，树立起良好的道德观念。为此，要加强社会主义道德教育，以为人民服务为核心，让大学生的道德行为、观念和意向等都能与中国特色社会主义市场经济发展方向相符，消除腐朽资产阶级思想对他们的不良影响，使其能以正确的态度看待个人与集体、国家之间的关系，自觉遵守社会公德和社会公共生活准则。对学生进行家庭美德教育，提升学生与家庭成员融洽相处的能力，形成幸福美满的家庭氛围和友好互助的邻里关系。道德教育的开展，根本目的就是要让大学生能包容他人、尊重他人。道德教育是一种养成教育，不能仅停留在对道德规范和标准的认知上，应做到内化于心、外化于行，形成自觉约束自身行为的内在、稳定的行为习惯。

四是心理教育。在社会主义经济快速发展、人民生活水平跃升的同时，竞争机制逐渐强化，人们的工作和生活节奏加快，心理问题成为现代人不可忽视的健康隐患。心理教育是引导学生形成健康的心理，对他们的心理状况进行指导，使其人格、情感、心态和意志都能处于相对健康的状态，从而适应社会发展需求的教育。随着经济社会的发展，人们对心理健康的关注度空前提高。资助育人内容体系应包含心理健康教育，主要原因有三：其一，心理健康教育是高校思想政治工作的要求。心理健康教育是高校思想政治教育的内容之一，心理育人是思想政治工作提升工程的重要板块。资助育人是思想政治教育的专门领域，应包括心理健康教育内容。其二，随着科学的进步和社会的发展，人们对健康的定义也在不断发展变化。健康不仅是没有疾病，而且是一种躯体、心理和社会适应方面的完整状态。因此，人的全面发展应该包含人在心理、身体、文化、素养等各方面的均衡发展，新时代的高校资

---

① 中共中央文献研究室．习近平关于全面从严治党论述摘编［M］.北京：中央文献出版社，2016：55.

助育人必然离不开心理健康教育。其三，这是新时代高校资助育人的现实诉求。高校资助育人的重点教育对象就是家庭经济困难学生，这些学生既承受着物质匮乏带来的压力，也面临着较大的精神压力，往往是高校心理问题高发群体，更需要关注其心理健康状态。因此，必须加强心理健康教育，促进学生的全面发展。

（二）能力提升模块

2018 年 9 月召开的全国教育大会从理想信念、爱国主义、品德修养、知识见识、奋斗精神、综合素质等方面进一步明确了新时代学生应当具备的基本素质和精神状态，要求引导学生具备独立思考、逻辑推理、信息加工、学会学习、语言表达和文字写作的素养，激发学生好奇心、想象力和创新思维，树立学生爱岗敬业、精益求精的职业精神，全方位培养学生的报国之志。① 由此可以看出，高校不能只以"技能人才"培养为目的，要让学生拥有卓越的品质、全面的能力。资助育人是高等教育的重要组成部分，旨在实现资助育人对象的全面发展，重点是提升资助育人对象创造美好生活的能力，唯有如此，才能将"资助"转变为"自助"。因此，在资助育人的能力提升模块，主要侧重于实践创新能力、职业发展能力、自我发展能力和人际交往能力的提升。

一是实践创新能力。早在 20 世纪 90 年代，我国就强调了素质教育的重要性，并在多个学段同时推进。在贯彻党的教育方针时，明确指出素质教育是必由之路，其根本目的是从整体上提高国民素质，让学生学会创新，能在实践中成长。② 创新实践教育是响应和服务创新型国家建设的重要抓手，也是培养时代新人的必然要求。基于此，对高校资助对象进行创新实践教育，不仅是资助育人的内在要求，更是提升高等教育创新人才培养能力、推动新时代高等教育教学改革的时代呼唤。实践创新能力包含了运用知识技能探索和解决实际问题，并在此基础上进行分析、研究与创造的能力。具体来说，实践创新能力应包括实践能力和创新能力。实践能力是人类生存的必备技能，

---

① 冯刚. 改革开放 40 年高校思想政治教育编年史（1978—2018）[M]. 北京：北京师范大学出版社，2019：652.

② 郑树山. 中国教育年鉴 1999 [M]. 北京：人民教育出版社，1999：1.

主要指学生的劳动能力、动手能力和生活能力。创新能力是人类进步和社会发展的重要推动力,要求学生具备创新意识、思维和能力,培养学生敢想敢干的精神,激发学生在实践中不断创新的动力。

二是职业发展能力。帮助和支持资助对象顺利就业是高校资助育人的重要工作,尤其是对家庭经济困难学生而言,顺利就业并拥有良好的职业发展前景是他们摆脱贫困、改变命运的重要途径,也有助于资助工作的接续发展和助学贷款的顺利回收。而学生能否顺利就业并获得良好的职业发展力,取决于其是否具有以专业素质为核心的职业发展能力。职业发展能力包括多个维度,与个人品质密切相关,特别是职业态度和技能。要挖掘学生的潜在能力,学生也要具备完成工作任务的实力,包括一般职业素养和专业职业技能。① 这些基本职业能力不仅有助于资助对象建立自信心、提升社会生存能力,也会对他们的职业生涯产生至关重要的影响,使资助对象真正变"受助"为"自助"。

三是自我发展能力。对于高校资助育人工作,变"授人以鱼"为"授人以渔"是发展型资助的核心导向,即通过激发学生的自我发展意识,培养自我发展能力,形成持续的内生动力和长期发展机制,才能契合短期资助与长效育人相结合的资助育人原则。自我发展能力是一种自我意识和自觉能动的体现,支撑着学生在人生旅途中不断实现自我发展和自我突破,主要包括其在社会关系中必须具有的基本能力,如自我认知能力、自我学习能力、自我生活能力,以及满足其自由发展的个性化能力。这就要求高校学生资助工作者要坚持将全面发展与个性发展相融合,既要坚持促进学生"全面发展"这一人才培养的重要导向,避免学生出现素质短板,又要关注学生不同的特点和个性差异,努力发掘学生的内在潜能,坚持个性与共性、特殊性与一般性的统一,注重对其以兴趣爱好为核心的个性化发展能力的培养,尊重学生的个性成长需求。

四是人际交往能力。人的社会化发展是全面发展的重要组成部分,对于

---

① 阎光才. 高校毕业生职业发展能力与人才培养制度改革 [J]. 中国高教研究, 2016 (11): 18.

大学生而言，社会化发展也是其全面发展的应有之义。帮助学生构建和谐融洽的社会关系是高校资助育人的目标指向之一。拥有良好的人际交往能力对于营造良好的校园氛围、构建良好的师生关系和同学关系具有重要作用，同时能为大学生成为社会中有价值的一员做好准备，是社会化发展进程加快的重要条件。每个大学生的成长背景、生活习惯、家庭环境、性格特点等都不尽相同，这样的差异也使部分刚脱离家庭开始独立生活的学生对复杂的人际关系感到迷茫。尤其是对于资助育人重点对象——家庭经济困难学生来说，如何克服自卑心理，快速融入宿舍、班级、社团等校园组织，以及毕业后如何快速融入社会，都是其面临的现实问题。因此，资助育人工作必须及时介入，指导学生减少旧有认知与人格中的负面因素带来的不利影响，对人际交往理论进行学习，对人际交往方面的技巧有所把握，不断扩大交往面，使受资助的大学生具备良好的人际交往能力，避免他们被学生群体孤立，帮助其形成良好的交际圈，这是新时代高校培养人才的内在要求。

（三）知识拓展模块

随着科学技术的飞速发展，学生的知识面不断扩大、理性认知能力大大提升。仅凭感性的说教难以使学生真正信服，只有运用客观、科学的内容对学生进行引导，才能形成学生内心的认同。必须"坚持价值性和知识性相统一，寓价值观引导于知识传授之中"①，才能使教育对象的思想与行为符合社会要求。因此，高校资助育人内容体系除了感性的价值引领，也不能忽视对理性认识的传授。针对资助育人对象的特殊性，知识拓展教育的内容主要应包括财务管理知识、形势与政策知识和消费知识三个方面。

一是财务管理知识教育。财务知识教育是伴随着市场经济发展和现代社会发展而兴起的一门新兴教育类别。我们在此所说的普及财务管理知识教育，是一项旨在培养大众财务管理意识、普及财务知识、锻炼财务技能、防范金融风险的教育活动。财务知识教育对于大学生来说非常重要。首先，财务管理能力已成为现代社会人的一种基本能力。在当今社会，经济已成为人们生活的中心，同时也是整个社会的核心。具备基础的财务管理能力，可以帮助

---

① 习近平.习近平谈治国理政：第3卷［M］.北京：外文出版社，2020：330-331.

受资助学生管理好资助款项，合理规划支出，真正利用好资助资金。其次，在金融科技和信息技术飞速发展的背景下，学生资助与财务的联系变得更加紧密，不管是筹集资金，还是发放资金，都需要以财务知识为基础。了解一定的财务知识，能够帮助学生更好地理解资助政策、了解国家资助体系，以便更好地享受权利和履行义务。最后，现实社会中各种金融诈骗、电信诈骗层出不穷，大学生缺乏社会经验和基础金融知识，很容易上当受骗。因此，把财务知识教育纳入大学资助育人的教育内容体系是当务之急。

二是形势与政策知识教育。形势与政策教育是思想政治教育内容的重要组成部分，形势与政策是一个整体，政策能促进形势改良，形势能倒逼政策调整。开展形势与政策教育，有利于大学生对当前国内外发展形势做出正确分析，全面理解党和国家的方针政策，坚定实现中华民族伟大复兴中国梦的信念。资助政策是国家根据社会和经济发展需要，为帮助贫困家庭的学生顺利完成学业而制定的兼具经济和教育性质的政策。所以，我国的助学政策始终伴随着经济、社会发展、教育、社会保障等方面的发展而演进，与国家和社会的宏观环境密切相关。把形势教育融入高校资助育人主要涉及两个方面的内容：一是把握马克思主义的形势和政策观念，这是其主要目的，也是高校资助育人的教育方向，有利于引导大学生对国内外形势的正确认识，更好地将个人发展与国家发展相结合。二是有利于促进学生对国家形势政策的理解和把握，透过学生资助政策去诠释国家经济社会发展形势和大政方针，从形势政策的宏观背景中审视和理解高校资助育人，有助于大学生观察与理解国家实行资助育人政策的良苦用心。

三是消费知识教育。联合国大会于 20 世纪 80 年代颁布了《保护消费者准则》，通过具体的条款指出在当前的发展形势下广泛开展消费教育的必要性。通过系统地向人们传授消费知识和技能，让人们的消费理念变得更加科学，并能以合法的方式维护自身权益，逐渐实现个人素质的提升。把消费知识教育引进学校，就是要在学生的世界观、人生观、价值观并不稳定的时期对他们进行教育，使他们的消费观能更加理性。由于资助育人的特殊性，对资助育人对象进行消费知识教育更加必要。一方面，当前消费主义盛行，人们习惯用消费满足自己的欲求，这种思潮也难免会影响大学生，使大学生不能建立正确的消费观，盲目消费，导致入不敷出，进而影响学业；另一方面，应引导大学生优化消费结构，将资助资金用在更重要的、有利于自我发展的项目中，避免过大比例的消遣性、娱乐性消费，而缺失了精神提升性质的消费。

第四节　创新高校资助育人方法路径

资助育人的路径体系建设思路应与资助育人的目标、原则、内容等子系统形成严密的组织架构，并在逻辑上环环相扣。资助育人路径建设应为更好地实现资助育人的目标而服务，要发挥出正向引领的作用，产生良好的协同效应，让组织结构更加有序。① 提高育人的效率和效度，实现高效资助和有效育人。

一、资助育人路径体系的建设着力点

资助育人路径体系建设应通过对育人平台、育人环节、育人模式等要素的优化革新与时俱进，融入最新理念和技术手段，改革过往实践环节中的冗余和阻滞因素，从提升育人效力、焕发育人活力、形成育人合力等方面着力，推进资助育人在精准性、创新性和协同性方面的不断提升，使资助育人系统的实施效率得到保证。

（一）科学精准提升育人效力

对大学生提供精准资助，就是要以科学的方式精确找到需要资助的对象。在资助方式和内容等方面不能"一刀切"，而是让资助行为符合大学生需求，让资助育人的功能得到发挥。资助育人的科学化和精准化是新时代资助工作内涵式发展的必然要求，推动资助育人科学精准发展，要求在育人方式上从传统转向现代，在路径建设上更加注重人文与技术的融合，充分运用各种科学方法，提升资助育人的精准性。这种精准性体现在三个方面。一是精准确定资助对象。对象精准是资助的首要前提，其最大的难点就是无法客观、真实地把握学生的家庭经济状况。作为起点任务，家庭经济状况认定直接影响

---

① 冯刚．构建新时代高校思想政治教育治理体系［N］．中国教育报，2021-09-13（6）.

着资助育人的成效。在资助对象认定方面要做到精准，就是要让所有在家庭经济方面确有困难的学生能上得起学、上得好学，让他们利用这一机会实现自我提升，给贫困家庭带来希望。二是精准的育人效果。这是通过内容与方式两个方面实现的。保证资助育人内容的精准性，就要根据每一个受资助大学生的实际情况安排资助内容，灵活运用学业支持、就业帮扶等形式，使资助育人的功能得到发挥。三是资助方式的精准性。这是指将不同的资助育人方式运用于不同的学生身上，不能一概而论，要做到因人、因类型而异，实现育人活动的精准发力。

（二）创新发展焕发育人活力

资助育人工作具有很强的现实性、系统性、实践性，需要不断改革创新，要实现与高校思想政治教育改革创新同向同行、同步发展，就要适应并推进实施创新驱动发展的育人战略。站在新的历史方位，面对新形势，资助育人要想开创良好的发展格局，需要把创新和改革当成动力源。改革创新的深入推进，能让资助育人工作不受教条主义与主观主义等的束缚，能把社会中的多项资源进行整合，提高资助者与受资助者的热情，也能引起更多人的关注，使资助育人过程中的棘手问题得到解决。为此，我国要引领高校构建一套与国情相符、能够体现理论价值的资助运行系统，使资助工作实现科学化发展，使社会充分和谐发展。在这一系统中，相较于目标体系、原则体系和内容体系的稳定性，路径体系建设对创新性的要求更为突出，更加需要与时俱进、创新发展，无论是育人方法、育人载体，还是育人流程，都需要紧跟社会和科技发展的步伐，以新手段、新方法、新形式、新载体推进资助育人工作的创新，不断赋予资助育人工作蓬勃的生命力。

（三）协同联动形成育人合力

随着外部环境的巨大变化，如果高校思想政治教育工作延续过去的工作理念和工作方式，效果就会渐显乏力。传统思想政治教育模式因分工太过细化琐碎、缺乏系统、协同等原因，负面效应日益突出。只靠单一项目、手段已无法满足新时代思想政治教育的质量和效率要求。[1] 高校资助育人理应将

----

① 冯刚. 构建新时代高校思想政治教育治理体系 [N]. 中国教育报，2021-09-13（6）.

"三全育人"理念贯穿其中，并将其融入资助育人路径体系建设，将资助育人的各方要素互通互联，将满天星式的育人散点打造成网格式的育人网络，形成互通互联的协同育人工作机制，增强资助育人合力。

资助育人的联动协同，主要有三层意涵：一是有效协同资助育人各环节间的关系。协同育人实效性的取得，需要把显性与隐性两种教育方式整合到一起，建立思想政治理论课与专业课"一盘棋"的思想，缩短课堂讲授与社会实践之间的距离，确保资助育人的每个环节都能相互配合，让资助育人对象浸润于全过程不间断的育人环境中。二是搭建集成互通式资助育人平台。借助大数据和移动互联网技术，联通资助育人的各层级资源系统，贯通校内各级育人场域，衔接家庭、学校、社会的育人空间，打破传统的育人壁垒，推动校外资助育人资源的开放、汇聚、普及和共享，基于资助育人的全景图式，搭建网格化育人平台体系。三是实现资助育人体系中各子系统间的协同配合。资助育人实施路径必须坚持资助育人创新发展理念与实践相统一、方法与目的相统一。在构建资助育人路径体系时，要始终保持路径与目标、原则、内容体系相统一，把握正确资助育人方向，在正确航道中谋发展、求创新。资助育人不仅意在提升资助育人对象的专业技能，还需要形塑资助育人对象的理想信念，是帮助资助育人对象构建意义世界和生活世界的有效途径。在此基础上，着眼全局对资助育人路径做出规划，精准优化育人路径体系结构，形成资助育人的合力。

二、资助育人路径体系的创新途径

高校资助育人路径体系建设，主要是在整合优化现有的经验式的资助育人路径的基础上重新进行建设，可以从搭建网格状资助育人平台、打造全链条资助育人环节和探索创新型资助育人模式三个方面，为资助育人工作提质增效铺好路、搭好桥、牵好线。

（一）搭建网格状资助育人平台

资助育人的有效落实，需要把手段、工具和内容等多项教育要素贯通，利用好现有平台和渠道，形成强大协同作用。打造资助育人平台是高校资助育人发展的基础性工作，包括硬件和软件的集成支撑系统，传统资助育人平台，主要包括资助平台、课堂平台、组织平台、活动平台和媒介平台等方面。而"三全育人"工作理念和新时代资助育人的工作要求，需要对资助育人的工作平台进行有机联系和整合，将其连成线、搭成网，有效贯通各平台资源。

资助育人工作涉及课上与课下、教育与管理、小课堂与大社会等多个育人平台的通力合作，要保持各平台的良好联动，在平台间形成互补。但在实践中，存在着平台搭建不完善、平台间联系不足、思政课程之间和课内与课外活动脱节等问题。各个平台的独立发展，导致思想政治工作在推进中出现了断层甚至空白的情况，这必定影响高校资助育人的效率和效果。因此，新时代资助育人平台的搭建，需要注重协同互通，将散点式资助育人平台连成网格状。构建网格状资助育人平台主要有两层含义：一方面，要让"三全"育人理念得到充分落实，发展育人平台，在平台支撑下开展育人工作，使网格状平台的点和面覆盖到位；另一方面，要加强各育人平台的联动，打破平台间的壁垒，畅通合作渠道，构建协同型育人平台。

具体到实践中，首先，搭好建强校内资助育人的主平台。不断提升学校学生资助中心和院系资助工作部门的建设培育，增强资助育人工作的科学性、时代性和实效性，担负起立德树人的重要职责。其他非直接负责资助工作的部门要做好以育人为导向的工作协同，深入挖掘各自工作中蕴含的育人元素，建立资助育人联动渗透平台，实现主渠道资助育人和全方位资助育人的同向同行。其次，积极构建多元协同育人平台。高校内部已经设立了若干个独立的思想政治教育系统，每个系统都有主导责任人，包括辅导员、班主任、学生干部等，他们的职能不同于非思政系统人员，特别是与后勤、行政、教辅等人员存在明显的差异。针对这种情况，要把握住每位责任人的目标与任务，要为联合服务、共同管理的推行提供保障，要让全员育人思想得到落实，增强资助育人的协同性。再次，积极建设资助育人网络平台。如打造融资助工作、思政课堂、社会实践于一体的育人信息平台，打破不同主体在育人空间上的限制，增强资助育人的便捷性和吸引力。最后，拓宽协同育人平台的覆盖面。借助校园文化活动、实践教学等多种方式，形成覆盖广、协作深的协同育人平台。同时，可以通过建设社会实践基地和创办家长学校等方式产生协同育人的效果。

(二) 打造全链条资助育人环节

可以从两个方面理解高校资助育人环节，一是资助的育人环节，二是资助育人的环节。将这两个环节有机结合起来才能更加精准地分解和优化资助育人环节。为了达成育人的目标，先要拆解资助的育人环节，从资助环节的过程特点出发，挑选育人的方式方法和内容形式。按照资助地点可以将资助活动分为校内和校外两个范围。按照资助阶段可以分为资助的前、中、后三个时期。这两个范畴由于管辖的因素不同，在资助教育方面的作用也不尽相同。

要注意唤醒校外资源要素的育人意识，让社会承担起资助育人的职责，让他们参与资助活动、服务和管理工作，发挥育人协同作用，弥补学校资助育人的不足。从资助育人的流程环节来看，可以重点考虑校内外的紧密协作，创造资助育人的良好条件，促成二者通力合作，打造出一个良好闭环的资助育人流程体系。资助前期，应当重视被资助人是否属于家境困难对象，充分宣传资助的政策内容并明确表达资助申请流程等内容，做到流程准确且透明，同时加强诚信、法律法规、感恩和社会责任感等方面的教育。资助过程中，应重点关注实施、审核、评选和发放等各个资助环节的执行和落实情况。资助后期要密切关注资助的投放、监督学生服务和助学贷款的偿还情况，重点加强消费教育、艰苦奋斗精神教育和全面发展教育等。诚然，各阶段资助育人工作的实际内容和各执行环节不是一成不变的，其中既包罗万象又各有侧重，要根据自身特点和情况适当进行调整。然后，可以从内化和外化两个方面分解与优化资助育人的环节。所谓"内化"，是一个将社会输入的思想和标准进行重构与组合的过程。所谓"外化"，就是将自己已然内化的道德准绳、思想意识和价值观念等思想理念，转化成自己的实际行动并养成习惯的过程。对于内化过程，不能让被资助人产生区别对待和差异化的想法，要密切关注其心理变化，给予一定的认同和感化，让资助育人行为内化成为被资助人的基本素养。对于外化过程，要恰当地加以引导和鼓励，使被资助人在日常生活中主动培养良好的行为习惯，做到知行合一。最后，有机结合内化和外化的关系。实质上，前者是以育人养资助，后者是以资助求育人；前者承载资助育人的目标，后者达成资助育人的效果。二者互为因果，缺一不可。

（三）探索创新型资助育人模式

模式是指事物与活动中由较多联系紧密、具有代表性的要素共同形成固定的范式。① 高校资助育人模式是一种结合资助特点和组织结构等多种要素的育人模式，这种育人模式可以有效地将资助育人的理论和实践结合起来。从高校资助育人的发展现状和内涵特点出发，以马克思主义"人的全面发展"理论为基础指导，多元化、系统化、结构化地构建以物质保障为基础、以思想激励为内核、以心理疏导为要点、以素养提升为目标的新型资助育人模式。

一是夯实物质生活资助。没有物质上的支持，空谈资助育人是不可能的。但是物质资助必须保持"超越性"，使其成为工具价值和意义价值的有机结合。这就要求物质资助既要突出结构化的教育功能，又要加强资助过程的管理，真正做到以学生资助的高效率确保资助育人的高质量。二是强化思想道德引领。资助只是过程和方法，育人才是目标和任务，最终要完成立德树人的根本任务。要将学生的个人价值和社会价值充分结合起来，将个人发展与国家、民族的命运联系起来，自觉用社会主义核心价值观引导资助对象，把习近平新时代中国特色社会主义思想积极贯穿至资助育人的全过程，坚定"四个自信"，努力成为能够为社会贡献价值的人。同时，也要注意到资助的经济影响，很可能会使学生因金钱的诱惑而产生行为上的偏差，从而造成道德上的矛盾。道德是做人的根本，在助学活动过程中，要时刻落实和贯彻道德教育和培养，锤炼学生的道德品质，包括道德认知、道德情感和道德行为。这样既可以保障助学活动的顺利推进，也可以促进资助育人工作的有效开展。三是做好心理健康支持。当代大学生健康成长中不容忽视的问题之一就是心理健康问题，并且心理健康问题的重要性日益凸显。资助育人的重点对象是来自贫寒家庭的学生，其身心具有特殊性，这就需要重视学生因家境问题导致的心理失衡和认知失调等问题，因此要适时恰当地提供心理咨询服务，解答他们的人生困惑和心理症结，使其更积极、阳光地实现人生追求。四是聚焦素质能力提升。素质是影响和支持大学生未来发展的重要因素。从一定程

---

① 冯刚，郑永廷. 思想政治教育学科 30 年发展研究报告 [M]. 北京：光明日报出版社，2014：315.

度上来说，物质资助就是给予资助对象一个能力发展的机会。然而，能否抓住机遇、赢得发展进而实现目标，关键在于资助对象能否提高自己的素质和能力。要充分发挥资助育人平台的作用，提高学生学习、工作和创新创业的能力，把物质资助转变为成长发展的机遇。

　　总之，资助育人运行体系的建构与优化需要从目标体系、原则体系、内容体系和路径体系等方面局部优化、整体提升，立足新时代的历史方位，把握思想政治工作规律，确立资助育人各要素的属性、内涵和关系，全方位优化资助育人的实施过程。

第五章

完善新时代高校资助育人支持系统

作为高校思想政治教育工作的重要一环，资助育人不是独立存在的，其运行需要制度、人员、组织、环境等多方面的支持和保障。这些保障共同构成了高校资助育人工作的支持系统，而良好的支持系统是资助育人运行体系高效运行的前提和保障。根据高校资助育人工作发展现状，完善新时代高校资助育人支持系统主要从制度保障、队伍建设、资源保障和环境营造等几个方面着手。这些子系统虽然相互独立，但不是完全割裂的，而是相互影响、相互协同的。其中，资助育人顺利开展离不开完善的制度保障，这是资助育人实践的依据。数量充足、能力优秀的工作队伍，是资助育人工作高效开展的关键。充足的物质和精神资源保障是资助育人发展的基本条件，也构成了资助育人工作的经济基础和思想基础。良好的育人氛围和育人环境，是资助育人工作取得良好成效的助推器，是全员育人理念的具体体现。

第一节 健全高校资助育人制度体系

资助育人实践必须在法律法规的监管和保障下，遵循法律法规的规范。资助育人的运行体系必须有与其核心和场域相适应的保障系统做支撑。随着新时代高校资助政策的多样性发展，资助工作亟待法制化和规范化。要加强对助学贷款的管理，健全资助工作监管体制，规范资助工作程序，提高资金管理的效率。① 制度体系的优化完善是推动高校资助教育高质量运行，保障高校办学有序推进的重要举措。其一，为明晰资助育人主体责任与义务提供了科学向导，将责任、义务与权利联结起来，形成参与资助育人各主体间责任边界的规制。其二，为资助育人工作的路径和规则提供规范，为资助育人工作体系的具体运行提供指导和参照。其三，为资助育人工作提供制度层面的运行保障，制度体系是资助育人工作的重要基石，要在基本制度指导下建立相应的运行保障机制。总之，高校资助育人制度体系建设的目的就是通过制度体系的不断完善和优化，形成一个在功能上互补、在层级上紧密联系、在方向上保持统一、在执行上产生良好作用的制度体系。

一、资助育人制度体系的建设思路

应站在培养人、教育人的全局视角建设高校资助育人的制度体系。与此同时，着重增强资助育人的思想政治教育属性，回归育人本质，并在此基础上，着力提高政策制度的实施效率和有效性。

（一）着眼育人工作全局性

资助育人是高校思想政治工作中的一项重要内容，建设资助育人制度体系需要着眼于高校育人工作的全局，站在更高位的视野统筹规划资助育人制度体系。首先，要保证制度在内容上全面、完整，形成一个完整的制度体系闭环；其次，要优化制度内容结构配置，形成更紧密、融洽的制度体系；最后，要处理好系统牵涉的各种关系，形成运行更加顺畅的制度体系。

一是注重内容完整性。就整体而言，高校资助育人制度的完整性有两个层面的意思：第一个层面是指制度体系和制度系统的完整性。应该从高校培养人才的全局和长远出发，用发展、辩证和系统的眼光来审视资助育人制度体系，对涉及资助育人的各个环节、育人工作的各个要素进行总体规划，并按照资助育人工作的目标和要求，统筹规划安排，推进制度体系建设。第二个层面是指具体制度内容的完整性。重点在于遵循制度的功能需求和规范要求来拟定制度文本，确保制度的体例规范、内容科学合理，充分包含制度构

---

① 陈宝生.五年来学生资助工作成效显著 [N].人民日报，2017-09-29 (17).

成的各个要素和需要阐述的问题，紧密贴合资助育人的实际情况，尽量确保制度的全面性和完整性，避免重要问题和细节出现遗漏。

二是注重制度间的关系。资助育人制度并不是孤立存在的，而是一个系统化的结构性复杂关系体。首先是上下之维。高校资助育人的制度从上下之维度上审视，主要分为上位的国家层面和下位的学习层面。在进行制度设计时，既要注重上层的统筹，也要注重基层的反馈，打通上下位之间的交流机制，提升下层主体的动力、活力和执行力，增强上层的权威性和统摄性，使上下层之间形成有机统一的制度整体。其次是左右之维。资助育人制度体系是由许多单独的制度形成的制度群。尽管这些制度共同指向资助育人目标，都围绕资助育人开展工作，但彼此之间并非割裂存在。只有处理好这种制度间的相互关系，才能有效避免资助育人工作目标和方向的离散，从而形成政策合力。最后是内外之维。学校和政府是资助育人的核心力量，位于制度体系的核心圈层，与金融机构、社会组织构成的外部圈层有着紧密的联系。两者虽然所处位置不同，但均有着不可替代的作用，它们共同组成资助育人制度体系的主体。因此，既要强调内部圈层的资助育人制度主体，也要注意外部圈层制度建设的配套和辅助结构，内外共同发力，协同实践，形成资助育人制度有效聚合的向心力。

三是注重结构的合理性。制度内容结构是否合理，直接影响着制度的科学性和执行效率。在高校资助育人现状中，资助与育人脱节是资助育人工作中的一个突出问题，而这个问题长期存在的原因之一，就是资助的结构、功能和制度等没有得到根本性的调整。基于此，调整制度结构势在必行。一方面，要合理规划资助类型结构，积极改进国家资助与社会资助、无偿资助与有偿资助比例不均衡的状况，合理控制无偿资助的比重，提高资助的比例，激发大学生发展进步的自觉性，培养他们的自强自立精神；另一方面，在坚持学生资助生活保障功能的基础上，积极改善奖励性资助、学习性资助和帮困性资助功能偏颇的现象，稳步提高物质资助与生活资助，增加资助项目的多样性，优化资助项目功能。

（二）增强思想政治教育性

资助育人属于思想政治教育范畴，要始终明确资助育人的政治属性，增强资助育人制度的思想政治特征。因此，对于资助育人制度体系的设计，必须始终坚持思想政治教育的基本立场、原则、规律，统筹和指导资助育人制度的制定，避免资助育人工作成为简单的事务性工作。

首先，资助育人制度设计必须坚持思想政治教育的立场，充分体现出资助育人的政治作用。在思想政治教育理论与实践齐头并进的过程中，政治引领性将日益突出，这是高校思想政治理论教育与实践活动开展过程中必须体现的一种属性，是我们审视资助育人工作的一个重要原则，也是不可动摇的立场。其次，资助育人制度框架必须用思想政治工作制度框架进行统筹，使资助育人制度遵循思想政治工作运演逻辑和惯常体例，并注重与其他高校思想政治工作的政策文件保持一定的统筹协调性，在内容上要有协同性，避免出现两相冲突的情况。最后，必须用思想政治教育话语体系设计资助育人制度的话语表达，要遵循思想政治话语体系的必然规律，坚持学理性与政治性的统一，同时利用好显性和隐性教育，让话语体系创造更高的价值，让话语表达实现统一，提升制度的表达力。

在保障上述三大前提的同时，还要关注资助育人的特殊性，厘清资助育人与其他思想政治工作的区别，把握资助工作特有的科学规律和运行特点。将资助育人的思想政治教育性与资助工作的特殊性有机结合，强调思想政治性的共性，但不忽视资助育人的个性，形成具有针对性和有效性的制度体系。

（三）提升制度实施的有效性

资助育人制度设计的有效性，是检验资助育人制度设计是否科学合理的标尺；提升制度实施的有效性，也是提升资助育人工作有效性的重要手段。就制度体系设计而言，提高其有效性主要从权威性、指导性和敏感性三个角度进行考量。

首先，增强制度的权威性。高校资助育人工作是一项系统工程，涉及多元资助类型、多个育人主体和多样的育人对象，这使只针对其中某个要素所制定的制度必然缺乏统摄全局的权威性和约束力，而制度的权威性和约束力的孱弱将在一定程度上阻碍资助育人工作的开展。因此，需要增强制度的权威性，以提高政策实施的效率。一方面，要推动资助育人的法制化建设，加快立法实践进程，推动制定学生资助专门法规，实现资助育人工作有法可依；

另一方面，要通过广泛深入的宣传来增强制度的影响力和权威性，将相关法规内化于资助育人各相关主体的意识中，形成行动自觉并共同遵守。此外，还应强化制度的刚性，对于触及制度红线的行为施以更严厉的处罚，提高违法成本，增强制度威慑力，以防违反规定的行为屡次出现。

其次，强化政策的指导性。资助育人制度的根本目标是通过制度化的强制规约指导和规范资助育人实践，是实践经验与工作规律在法律层面的体现。当前，高校资助育人实践的发展尚不成熟，对于资助育人的主体、对象、载体、方式、路径等尚未有明确规定，这使高校资助育人实践中缺乏有效指导和制度规约，亟待更有指导性的制度的出台。一方面，需要从国家层面出台专门的资助育人工作文件，提升资助育人工作地位，明确资助育人的权责和实施方式，统一资助育人认识，提高资助育人工作效率；另一方面，学校应针对国家文件，结合本校实际情况，制定配套实施办法，规范和指导本校具体工作的组织和开展。

最后，调节政策的灵敏度。制度是需求的产物，是实践的升华和经验的总结。要提高制度的有效性，就需要提高制度对需求和实践变化的灵敏度。积极深入基层开展调研，捕捉实际工作中的制度需求，及时总结工作中出现的制度缺口和诉求。洞察外界发展映射在资助育人工作中的变化，以及校外主体对制度的需求和关注，动态调整制度内容，在保证一定稳定性的前提下，对实时变化的育人环境、育人要求、育人方式和育人内容都应顺应时代变迁，保证制度设计的时代性、前瞻性和与现实情况的适恰度。

二、资助育人制度体系的建设内容

资助育人制度体系的建设内容，应包括资助育人工作制度、资助育人监督制度和资助育人评价制度三个子体系，形成"资助育人—监督反馈—效果评价—优化资助育人"的良性循环。

（一）资助育人工作运行制度

一是优化资助工作制度。资助工作是开展资助育人工作的第一步，完善资助工作制度是搭建资助育人制度保障体系的基础。根据前文对资助工作现状的分析，现有资助政策体系虽较为完善，但在落实方面存在部分政策效率不高的问题，具体体现在：一方面，资助的精准度和瞄准率欠佳；另一方面，资助资源的分配存在一定的偏差。因此，资助制度体系的完善应从认定精准度和优化政策资源配置两方面入手。首先是做到精准认定资助对象。资助政策的执行是否有效，精准度是首要的检验标准。只有合理认定贫困生，才能让精准资助成为可能。在我国，认定贫困生的主体是高校，但高校的职能范围决定了其缺少对贫困生的家庭情况进行客观把握的能力。现有制度体系只规定了资助对象认定的指导原则和大框架，如在教育部对家庭经济困难学生认定的指导意见中，将其描述为"本人及其家庭所能筹集到的资金难以支付其在校学习期间的学习和生活基本费用的学生"①。这种定性描述，不能作为具体的量化界定标准，对于具体的认定工作缺乏客观、权威、科学的指南和参照系，实际操作中面临很多困难。因此，可以从国家层面，每年根据各地经济发展数据、恩格尔系数、自然灾害情况等制定分地区的家庭经济困难学生认定标准及认定指南，并在大数据的辅助下对学生家庭收入方面的数据进行采集。通过这些手段，可以确定受资助学生的情况在整个系统中处于怎样的水平，再以多种方式进行分析，增强识别的精准性，避免认定工作过于主观化、模糊化。其次是制度调节资源分配机制。从当前情况来看，无偿性政策资金额度一般比较高，在利益的驱使下，会出现申请人提供不实信息、杜撰需要接受资助的理由、虚报家庭经济情况而获取资助的情况。由于这部分学生不用承担偿付压力，在学习过程中动机不强，能力提升速度较慢，甚至在生活中养成了浪费等不良习惯。政策无关者面对这种同学，会产生强烈的心理抗拒感，排斥受资助的学生，导致一些家庭经济收入真正较低的学生无法融入同学群体。所以，要对资助体系进行调整，逐渐降低无偿资助的比例，把更多资金用于有偿资助方面，让奖学金能真正发挥出"奖优"的功能，让助学贷款起到"助困"的作用。鼓励经济困难的学生以勤工俭学的方式获得"酬金"，提高政策资源的利用价值，也针对贫困学生群体的情况设计出合理的代偿办法，更好地发挥资助的作用。

---

① 教育部等六部门关于做好家庭经济困难学生认定工作的指导意见 [J]. 中华人民共和国教育部公报，2018（12）：6-10.

　　二是完善育人制度内容。育人是学生资助工作的核心和目标指向，完善育人制度建设是资助育人制度保障体系的建设重点。要从更深层次对育人方式进行充分挖掘，让政策能发挥出应有的作用，这是高校资助育人发展的主流趋势。现有政策体制在资助工作方面有较多的表述和指导，关于育人制度，则以方向性、宏观指导为主，缺乏更具体的制度规定及工作指导。应从宏观、中观、微观三个层面建立和完善资助育人制度。首先是宏观层面，要加强统筹指导。根据教育部专门为提升高校思想政治教育质量下发的《高校思想政治工作质量提升工程实施纲要》①中的指导思想和要求，要制定提升思想政治工作质量的专门文件，落实"十大育人"体系，从根本上将资助育人纳入学校思想政治教育体系，将其作为高校思想政治教育的重要构成，进行统一规划、统一部署、统一推进。不断提升高校资助育人的认识高度和实施力度，为资助育人工作提供政策依据，强化资助工作的育人功能和思想政治教育属性，指明育人方向，深化育人共识。其次是中观层面，要出台专门的资助育人制度。按照"十大育人"体系中资助育人的有关要求，结合学校资助育人工作实践，认真梳理，全面总结，制定出台针对资助育人的专门文件，厘定资助育人边界，明确资助育人环节要素，指导和规范资助育人工作。最后是微观层面，要配套科学可行的操作方案。按照上位文件的要求，集中梳理高校资助育人管理制度和实施办法，坚持资助育人的政治性和价值导向，汲取资助过程中的丰富内涵和精神力量，充分发掘其育人价值，通过增加引导、激励、惩罚和规范等要素的方式，对资助育人制度进行全面修订，对于制度盲区要及时查缺补漏，确保上位政策得到贯彻落实。

　　三是资助教育要走法治化发展之路。国家对高校资助事业的发展予以高度重视，资助工作是在政府主导和支持下完成的，并通过增强政策的灵活性与持续性，促进了资助事业的发展。但在这一过程中，政策的局限性也逐渐显现，这是政策本身不具备较强的权威性造成的。再加上可预期较差，利益相关者的责任不明确，在运行中发展受阻。因此，为了促进高校资助事业的

----

① 中共教育部党组关于印发《高校思想政治工作质量提升工程实施纲要》的通知［EB/OL］．（2017-12-05）［2021-10-15］．http://www.moe.gov.cn/srcsite/A12/s7060/201712/t20171206_ 320698. html.

良性发展，也为了利益主体的行为得到规范，政府要将学生资助纳入立法建设，实现"有法可依"。现阶段我国有多部法律从不同视角、不同层面对学生资助做出了明确的规定，如《中华人民共和国宪法》《中华人民共和国教育法》《中华人民共和国职业教育法》等。但由于语言局限性较强，法律文本根本无法对学生资助做出面面俱到的规定。高校在执行具体工作时，没有较为详细的法律规定。只能把政府部门下发的管理条例、规范性文件等当成执行标准。然而，此类文件不能涉及资助工作的所有方面。如果高校在资助育人实践中没有形成强烈的法治理念，就会引发严重的法律问题。由于专门法的立法需要复杂的流程，现阶段最可行的方式就是对当前法律条款进行调整。在教育基本法修订环节，可以把学生资助当成一项重要内容融入其中，对多方主体的关系做出法律界定，形成法治化的资助保障程序。从实体、程序、监督等方面入手，增强高校学生资助活动的规范性，从而为高校学生资助提供长久稳定的法制保障，推进高校学生资助工作的法治建设进程。一方面，要把法治化思想渗透到资助制度中，对相关主体的权责利做出准确界定，对资助工作的开展进行指导；另一方面，要把法治化思想体现在资助程序中，增强高校资助的法治化，让督导、问责等充分体现出法治化。在高校资助工作中，相关人员不得碰触法律的底线。高校资助工作的具体程序应有相关的法规进行刚性约束，既通过法律规范资助过程的合法性和公正性，又通过法律有效保障受助人的合法权益，确保知情权与隐私权矛盾的化解。

（二）资助育人监督反馈制度

资助育人效果的提升，需要制度层面的保障，尤其是监管保障制度更应该做到长效持久。为高校学生资助制定全过程的监督管理机制，其主要内容包括对资助育人工作和受助资金使用两个方面。

一是对资助育人过程的监督和效果监测。高校资助工作应该建立系统化、科学化的监督管理机制。资助工作的方方面面都应实现监督管理机制常态化，制定详细的监督管理办法或指南作为资助育人工作的参照。首先，要建立"全方位监督"机制，资助工作队伍既接受国家层面的指导和监督，也接受学校、部门、同事、学生和社会的监督。同样，受助学生受到学校和同学的监督。建立起一套上级对下级、下级对上级、平级之间的监督反馈机制，通过制度规范监督过程，提高学生资助工作的有效性。教育督导体系在构建中，要把监测、评估、督政等多方面内容包揽其中。其次，要加强对资助项目申请人申请材料真实性的监督。2019 年，国家正式取消了教财〔2007〕8 号、教财厅〔2016〕6 号两份文件中需要街道或居委会提供家庭贫困证明的规定。① 自 2019 年起，学生提出资助申请时，不需要由家庭所在地乡、镇民政部门提供相应的证明材料，只需要申请者以书面形式做出承诺即可。这就对申请人的诚信有了更大的考验，同时也对申请材料的真实性审核带来更大的挑战。因此，在资料审核上应有明确的监督与处罚，一旦出现学生虚报、造假现象，就要有具体的惩处措施，确保申请材料的真实性和准确性。最后，对资助环节的公平公正性和合理合法性进行监督。在资助对象认定方式上，采用资料匿名审核、交叉评价等方式。在充分保障学生隐私的前提下，建立一定的监督机制，对工作人员的工作流程、认定方式、认定结果进行监督。如对结果有异议，应有畅通的信息反馈渠道，确保认定过程的公平性。

二是对受助学生资助资金使用的监督。对学生进行诚信教育和正确消费观的引导是资助育人的重要内容，也是监督机制应涉及的方面。一方面，学生在申请领取奖助学金时，应对资金使用有正当、明确的规划，避免挥霍浪费或者非法消费。学校可直接对学生的资助金进行日常追踪管理，对资助资金的使用加以监督。比如，将奖助学金总额进行分配，把其中一部分直接打到学生的饭卡中，使学生的生活得到保障，或是直接将其用于学费支付，确保大学生在使用受助资金方面能做出合理规划。另一方面，为大学生创建信用档案，与社会个人信用接轨。贫困生信用档案管理在高校已经开展了较长时间，主要通过量化的方式对档案内容与管理情况进行考核，形成合理的信用等级。伴随着学生信用档案管理机制的成熟，可以把相关信息上传到全国平台，与社会信用体系紧密衔接，金融机构、用人单位可以根据实际需要了解被资助学生的信息，为多方查询使用提供有利条件。一旦发现学生提供了不实信息，或是在贷款方面有不良记录，就及时采取一定的措施进行干预，

---

① 教育部关于取消一批证明事项的通知［EB/OL］.（2019-03-29）［2021-10-15］. http：//www.moe.gov.cn/srcsite/A02/s7049/201904/t20190423_ 379235. html.

否则将会对其将来的学习、就业、工作产生一定的影响。通过这些方式，使学生能自觉遵守规章制度和道德法律，也能让银行从整体上对学生还贷建立信心与信任，从而积极向学生发放助学贷款。

三是对资助育人经费和分配资源进行有效监督。由于政策资源在分配环节存在不合理之处，后续管理也不深入，特别是在资金管理方面，既没有采用易于操作的方式，也没有严格检查与监督，因此无法适时对资源分配效率做出评价。高校应完善资源分配管理机制，建立责任追究制度，审计、纪检等监督部门协同联动，以不定期的方式调查和审计资金分配情况，明确主体责任，加强监督管理。对于金额较大、涉及学生利益的资助分配方案和资金应及时公示或公布，接受师生的监督。在资助工作推进中，要建设透明、畅通的信息传播渠道，对资助育人经费的使用、资助育人活动的开展等方面应有公开的监督渠道。大力推动政策运行第三方监督评价体系建设，让更多独立评价机构参与政策评价，让第三方监督机构与师生监督形成合力。要让政策资源在发放与使用过程中得到多方监督。如存在工作经费的渎职、浪费、失察行为，必须及时发现、严肃惩处。

（三）资助育人效果评价制度

思想政治教育效果评价是育人质量的标尺，具有激励和反馈的功能，对于不断完善思想政治工作体系、破解育人实践的发展瓶颈具有重要作用。随着思想政治工作内涵日益丰富，思想政治工作质量评价的重要性逐渐凸显。高校资助育人是一个长期工程，同样需要在实践中不断反思和优化，要以持续性、动态性、反思性的视角全面审视整个体系的发展过程。根据资助育人的目标和要求，在系统、科学、全面收集、整理、分析资助育人相关信息的基础上，运用一整套评价标准和科学评价方法，对高校资助育人工作的实施过程及最终效果进行评估。同时强化资助育人的定性和定量考核目标，形成并在实践中完善奖惩机制，激发相关人员工作热情。评价体系的构建，关键要将育人实效纳入评价体系，从育人观念、育人方式、育人过程、育人质量等过程和效果方面考核评价。不仅要保证评价目标的合理性，也要设定有效的评价指标与标准，以科学的方式对资助育人工作进行质量测评，不断增强育人活动的有效性，优化高校资助育人的制度保障体系。构建资助育人评价制度体系，应从以下几个方面进行考量。

一是树立正确的评价目标。首先，资助育人评价制度的构建应以强化资助育人工作建设为目标，加强质量评价对资助育人过程的分析和结果反馈，实现以评促改、以评促建，构建"评价—反馈—优化"资助育人质量完善机制，使评价体系的建立能够有效刺激和推动高校资助育人工作的改进。其次，在评价中，应对资助育人工作的开展情况有客观了解，能识别各个环节的问题，在及时解决与矫正的过程中实现整体工作的健全，对高校资助育人工作的有效开展起到统摄作用。不断完善质量评价工作，其目的就是从深层次发现工作实践中的问题，为变革创新带来新思路，促进高校资助育人体系的新发展。最后，评价体系的建立应致力于提高育人过程中各个主体的参与度、成就感和获得感，激发育人者和育人对象参与资助育人实践的积极性，通过合理的评价体系激发资助育人各个主体的内生动力，变被动要求为主动推进，实现资助育人工作的良性循环和有效互促。但应强调的是，高校资助育人质量评价不仅要保证理念的正确性，也要采用恰当的方式促进资助育人工作的持续改进，做出精准的评判。不能只是为了得出评价结论，而在评价的督促下有效发挥育人功能，避免为了评价结果的优秀而出现"唯数据论""唯评分论"等舍本逐末的现象。

二是构建合理的评价标准。长期以来，资助育人的评价体系主要针对事务性资助工作的落实情况，对于资助育人工作，主要是对活动开展的数量和频次进行考评；对于育人成效，主要是对资助对象的获奖情况和就业情况进行考评。但是，资助育人工作是关于人的工作，人的思想是复杂而难以估量的，仅靠以上几个维度的测评难以彰显新时代资助育人工作的内涵和多样性，也无法准确、全面地把握资助育人工作。这就需要对评价标准做进一步的优化。质量标准是对评价内容现实状况的反映，要建立全面、合理的指标和科学的评估方法，才能更好地反映实际情况。高校资助教育工作的质量评价指标包括政策体系、实践活动和工作效果三方面。如果只注重政策制度，就会忽略实施过程的动态变化与客观现实，而局限于政策的文字表象；如果只顾着实施过程，就会迷失目标取向，使评价流于形式；只顾工作结果，往往会忽略政策设计的战略意义和育人结果形成的复杂过程，窄化育人的内涵。高校资助育人工作是一个复杂的系统工程，不可能把每个环节、每个因素都用同一个标准来衡量，只有指标设计准确，才具有科学性，从而达到公平、客观的效果。在实际工作中，评价往往会出现主观评价、指标不切合实际等情况。这说明在指标制定过程中缺乏科学精准的设计，以致在制定标准时以偏概全，甚至出现偏误。这既会造成无法解决的现实问题，也丧失了质量评价体系应有的权威性等。新时代高校资助育人工作的效果评价逐步由外在的需求转变为学校自主、自觉的管理和发展的工具，评价标准必须准确反映资助育人的实际情况，才能有效推进质量评价的实施。

三是坚持科学的评价原则。首先，坚持将工作过程评价和工作结果评估相结合，推动高校思想政治教育制度化建设。资助育人工作一直在发展，在进行评价时也要做到动态、持续，在评价中不能只关注静态的资助结果，也要实施过程评价，侧重评价的动态变化和趋势，两者相辅相成，互为补充。①坚持过程评价，有助于多角度、全过程地评价资助育人工作的真实情况。坚持结果评价，有助于发挥其鲜明的价值导向，确保资助育人高效、有序地进行。坚持过程评价和结果评价相结合，有助于防止高校资助育人工作偏离正确的轨道，也便于回溯和复盘评价结果时发现问题所在，可以通过评价结果更好地指导下一步工作。其次，坚持定性评价和定量评价相结合。定量评价，通常是采用数量分析的方法，收集和处理数据资料，对评价对象做出定量的判断。这种方式可以相对客观、精确地表现出部分评价内容价值的高低，具有科学性。但也需要注意，资助育人工作本质上属于思想政治教育，很多观测指标无法简单地用数据形式来表现，如果机械、单一地用定量方式进行评价，则必然有失偏颇。定性评价是采取演绎、归纳、分析、经验观察与判断等方式对评价对象的表现和状态进行评估，得出定性的价值判断结果。定性评价侧重从思想政治工作性质方面对资助育人工作进行综合分析和评估。面对不同的评价观测点，定性评价和定量评价分别有其优势和局限性。因此，坚持定性与定量评价相结合，才能充分、客观、全面地对高校资助育人工作

---

① 冯刚. 高校思想政治教育工作质量评价研究 [M]. 北京：人民出版社，2020：56.

进行评价。① 最后，要把精准性与模糊性两种评价方法组合到一起加以利用。在开展模糊评价时，要通过精准评价把握住方向，模糊评价也应是精准评价的基础。要注意的是，这里的模糊评价不是绝对的模糊评价，而是基于对评价对象的内容、指标、标准的精准把握，并建立在科学、严谨的评价程序上的一种模糊评价。如果没有这些精准要素，产生的模糊评价就会缺乏科学性。精准评价需要对评价对象进行全面系统、科学严谨的客观评估，侧重于客观性和精确性。但由于育人工作的特殊性，有些测评方面很难进行精确评估。而模糊评估是根据经验和现实情况，对评价对象的发展状况、发展趋势、因果关系等进行分析和描述，侧重于主观性和相对性。② 这种测评方式与资助育人工作的特殊性有很好的适恰性，同时也是精确评价的重要补充。因此，资助育人的质量评价应坚持精确评价与模糊评价相结合。两者结合，可以有效解决部分指标体系难以精确测评的问题，使我们更加客观、全面地掌握资助育人工作的现状。

第二节　推进高校资助育人队伍建设

高校资助育人政策的落实，必须依靠一支本领过硬、素质优良的专业工作队伍来落实。资助育人工作队伍的建设情况，是影响资助工作能否做精、做实，能否取得育人成果的重中之重。随着新时代资助育人事业的快速发展，资助育人工作面临新挑战、新形势、新问题。相应地，资助育人工作队伍的建设也应有新的优化和提升。新时代资助育人工作队伍建设的纵深推进、科学发展，必须在深入研判新形势、新情况，总结已有经验优势的基础上，做出更系统、更具前瞻性、更有针对性的部署。可从队伍基础配置、人才培养方式和队伍结构优化三个维度入手，为高校资助育人队伍建设指明有效的

---

① 冯刚，严帅. 新中国成立 70 年来高校思想政治教育的成就、经验与展望 [J]. 教学与研究，2019（9）：12-24.

② 冯刚. 高校思想政治教育工作质量评价研究 [M]. 北京：人民出版社，2020：65.

路径。

一、资助育人队伍建设的总体思路

高校资助育人队伍是高校思想政治工作队伍不可缺少的部分。资助育人工作队伍的建设应纳入整个高校思想政治工作队伍的建设大局，其建设方向应符合高校思想政治工作队伍建设的相关要求。从资助育人工作的角度来看，资助育人工作队伍有其专业性和特殊性，要有特有的建设路径和方法。从资助育人工作者的角度来看，资助育人工作队伍由一个个资助育人工作者组成，资助育人工作队伍建设应考虑到资助育人工作人员的职业发展。因此，资助育人工作队伍建设既要考虑到高校思想政治工作的整体布局，也要适配资助育人工作的实际发展，还应积极满足队伍成员能力提升和职业发展的需要，以解决实际问题为重点，为高校资助育人工作的开展培养大量人才。以高素质的人才促进资助育人与思政育人同频同振，培育一支数量充足、素质优秀、结构合理的专业化资助育人工作队伍。

（一）要符合高校思想政治工作队伍建设的方向

中央多次在会议及文件中对高校思想政治工作队伍建设提出明确要求。这些要求是基于新时代的现实需求制定的，具备坚实的理论基础和鲜明的实践导向。中共中央、国务院《关于新时代加强和改进思想政治工作的意见》指出，应"打造专兼结合的工作队伍……使队伍中的每一个成员都能成为业务上的行家里手"①。这更为新时代高校思想政治工作队伍建设明确了方向。高校思想政治工作队伍是育人工作的主力军。要打造一支符合中央要求，能扎实开展资助育人工作的人员队伍，就要增强党对高校的领导能力，让高校意识形态领域建设工作始终在马克思主义理论的指导下进行，把全校师生紧密团结到一起，促进思想文化建设。高校思想政治工作者具备教师和党政干部的双重身份，应实行双向考核、双向晋升。要贯彻落实好习近平总书记对高校思想政治工作队伍和对高校教师提出的新标准和新要求，需要加强对高

---

① 中共中央、国务院印发《关于新时代加强和改进思想政治工作的意见》[N].人民日报，2021-07-13（1）.

校思想政治工作队伍建设的整体把握，认识到队伍成员间相互扶持、相互协同的关系，既要从整体考虑又要分群施策，产生协同发展的合力。

（二）要契合高校资助育人工作的实际需要

资助育人不仅是工作要求，也是育人理念。资助育人理念贯穿资助工作的全过程，渗透在教育管理的各环节，与十大育人体系中的其他育人体系相互联系、相互补充、彼此促进。这些都是富有中国特色、具有鲜明时代特征的育人模式。高校资助工作是在经济、社会、高等教育持续发展的前提下，以"关心学生、围绕学生、服务学生"为根本，以资助工作为有效手段，以学生为主体，以促进大学生特别是家庭经济困难学生全方位发展为目标的工作。资助工作的多样性特征使资助育人工作具有复杂的属性，与此同时，资助育人工作还具有与其他育人体系不同的特征，如资助育人工作需要坚持解决实际问题与解决思想问题相结合、显性资助与隐性育人相结合、部分资助与普遍教育相结合、规范管理与人文关怀相结合等原则。资助育人本身也具有潜隐性、层次性、体验性、前设性等特点。同时，新时代社会经济环境和高等教育场域都有了新变化，面临新问题、新挑战，这都需要资助育人工作者具备相应的应对能力、职业素质和专业素养。

（三）要关注资助育人工作者个人的全面发展

资助育人队伍建设，不仅要从资助工作的角度进行统筹，而且要重视资助育人工作者个人发展需求。首先，马克思主义理论中"个人的全面发展"观点是人类对未来社会的期望，是人为之奋斗的目标和方向。资助育人工作者也不例外，也有个人对未来的发展愿景，具体表现为其个性发展和自由发展的程度。其次，从个体和整体的角度来看，资助育人工作队伍归根结底是由一个个独立的个体组成的。要提升队伍的整体质量，离不开每个资助育人工作者能力素质的提升，这也是资助育人队伍建设的必然要求。最后，从时代发展的角度来看，资助育人工作者个人的全面发展是时代的要求和必然趋势。一方面，在新时代教育信息化的发展和新媒体浪潮的推动下，受教育者有了更多自主学习的方式，更强调学习者的自主性，促进了人的个性发展和完整性发展，为资助育人工作者提供了平等学习和发展的机会，促进其自我学习、自我发展；另一方面，新时代资助育人工作面临着新问题、新挑战，需要资助育人工作者发展自我、提升自我，实现自由全面的发展，充分发挥个人价值。所以，应为资助育人工作者提供更多、更广阔、更优质的发展平台，才能激发资助育人工作者的内生动力，促进资助育人工作者发挥个人潜能。

二、资助育人队伍建设的实施策略

资助育人工作人员有多重身份，不仅是资助者，也是资助中介，是资助育人实施中的核心部分，在资助政策执行过程中发挥了巨大作用。除了要宣传资助政策并执行相应的任务外，资助育人工作人员还要对学生进行思想品德培养，充分体现出资助和育人两方面的职能属性。这种双重属性也决定了资助育人工作任务繁多、责任重大。专职资助育人工作人员需要用大量的时间和精力来处理事务性工作，同时还要做好育人工作。因此，资助育人工作的开展需要配足校、院两级或校、院、班三级专职工作人员，构建责任心强、业务熟练、组织管理能力强的资助育人工作队伍。同时，还应对这支队伍搭建完善的成长培养路径，提高队伍的稳定性和工作能力，以提升资助育人实效。

（一）工作队伍基本设置

首先是完善工作机构设置。完善的机构设置是落实资助育人工作的基本前提。结合教育部提出的具体要求，各大高校要建立专门的学生资助管理中心，由主管校领导作为负责人，对减免学费、助学贷款等多样化的贫困生资助工作实施统一归口管理。[1] 高校应根据学校职能部门进行工作职责划分，统筹完善并落实学生资助工作机构职能配置。目前，我国高校的资助管理中心主要有两种模式。一种是隶属于"大学工"架构下的学生资助管理中心，即学校将本科和研究生的学生工作统筹为学工部管理，学生资助管理中心为其下设机构，负责校内资助工作的执行情况。另一种是本研分别管理模式，即

---

[1] 教育部关于进一步加强高等学校学生资助工作机构建设的通知［EB/OL］.（2006-05-10）［2021-10-04］. http://www. moe. gov. cn/s78/A04/s7051/201006/t20100608_181282. html.

学校设学工部和研工部，两个部门均设有专门的学生资助管理办公室，分别管理本科生、研究生的资助工作。但无论采用哪种模式，均应单独设置学生资助管理机构，并按规定提供相应的工作经费和物质保障条件。

其次是工作人员配备充足。高校应严格按照国家规定配备数量充足、专兼结合、结构合理的资助育人工作人员，满足资助育人日常工作的基本需求。一方面，教育部通过相关文件对高校学生资助管理机构建设做出了细致规定①，并强调了机构人员发展及队伍建设的重要性，要求人员数量与在校生之间的比例为 1∶2500。要对相应的编制进行调剂，其中，应包括一定数量的专职人员，对资助育人工作在全校开展进行总体规划。另一方面，队伍建设应包括学校学生资助管理中心的工作人员和院系落实资助政策的具体工作人员。因此，高校在各二级学院（系、所、研究院）层面也应保障具体负责学院资助工作的人员数量，确保有专人落实好日常资助育人工作。

最后是保持队伍相对稳定。受岗位晋升和职称评定等因素的影响，资助育人工作人员经常出现转岗，流动性较大。从人才激励的角度来看，合理范围的人才流动有利于调动人才的积极性，挖掘人才潜力，促进人才成长，有利于形成合理的人才群体结构，但过于频繁的人才流动会导致一些实际的工作问题。一是工作人员的调离会导致岗位暂时性空缺，受编制、人力资源配置要求的影响，新聘任人员不一定能及时补充到位。二是新任工作人员需要一段重新培训和熟悉工作的时间。工作队伍的不稳定直接导致资助育人成效下降。因此，高校要尽可能在合理范围内对资助育人岗位的流动性加以控制，以保证资助工作队伍的稳定性。

（二）创新人才培养方式

资助育人工作人才的培养要从顶层设计着手，将长期规划与短期目标相结合，完善人才培养政策，优化人才培养资源配置，采用弹性人才培养方式。从人才培养模式、人才培养内容、人才发展路径等方面完善资助育人工作队伍建设规划，统筹推进资助育人工作队伍的培养和建设。

---

① 教育部关于进一步加强高等学校学生资助工作机构建设的通知 ［EB/OL］. （2006－05－10）［2021－10－04］. http：//www. moe. gov. cn/s78/A04/s7051/201006/t20100608_181282. html.

　　一是建立科学的人才培养模式。对于资助育人工作者的培养和储备，最重要的就是建立科学的人才培养模式。人才培养模式的构建要按照严格遴选、精心规划、科学培育的原则，从人才选拔、工作职责、培训晋升、职业能力、绩效考核等维度统筹考虑，充分激发工作队伍的活力。首先，在整个制度设计上，要在各个环节充分融入队伍建设科学化发展理念，提高队伍整体素质，优化队伍结构，增强政治属性，强化育人功能，形成资助育人队伍建设的制度性框架。其次，在机制上要坚持统筹协调，不断深化队伍机制改革与创新，立足实际情况，重视对可持续发展的远景思维，建立完善的队伍选拔培养和管理考核机制。逐步建立起一套完善的资助工作队伍组织体系、管理体系、人才培养体系，并采取有效措施，充分调动高校资助育人队伍的积极性，为进一步推进高校资助育人队伍建设提供坚实的制度保障。最后，在整体计划中，坚持以人为本，以推动工作人员的全面发展为宗旨，引导其发挥育人的主体性，尊重他们的发展诉求，加强思想交流，推进资助育人工作队伍的长远发展。

　　二是进行专业化、职业化、专家化培育。首先，加强资助育人队伍的职业化培育，逐步提升资助育人者的职业认同感和职业归属感，深化对资助育人的认识和作为资助育人主导者的主体意识，强化其对资助对象情况精准把握以及对育人方式灵活运用的能力。加深资助育人者与资助育人对象间交互关系的深刻理解，要提升学生资助与资助育人工作的科学认识和专业能力，就要着力提升资助育人者的职业素质。其次，强化资助育人队伍的专业化建设。要切实加强对学生资助工作的管理，逐步建立专业资助人员的准入门槛，完善遴选机制。健全高校资助工作队伍培训机制，将理论培训和实践培训相结合、线上培训和线下培训相结合，使工作培训日常化、系统化。加强培训教材的研制，实现科学性和针对性的统一，兼具理论性和实践性。提高人才培养的现代化水平，运用信息化技术，有效提升人才培养的效能。最后，打造资助育人工作专家。专家化既是对学生资助与资助育人队伍建设的最高要求，也是新时代对资助育人工作者的必然要求。要着力激发学生资助与资助育人者的发展自信和发展自觉，将学生资助与资助育人作为一项事业去追求，打造一批具有高价值性、高水平的资助育人专家队伍，在形成示范效应的同时，有力地推动资助育人工作的延续和发展。

三是打造多元化职业发展空间。首先是提供良好的待遇和发展保障，在合理范围内保障工作人员的福利待遇，加强对工作人员的人文关怀和思想引领。提供畅通的晋升发展渠道，将资助育人工作人员纳入"双重身份""双线晋升"通道，实现职级、职称的双线发展。其次是提供优质的发展平台。积极打造资助育人工作队伍的职业发展平台，同时依托线上、线下两大平台开展工作，用深厚的理论指导实践工作。除了组织短期培训以外，还要以中长期进修、个人专长与职业发展相结合等方式，为资助育人工作队伍提供一个良好的学习进步和事业发展的平台，为其职业生涯提供规划指导，实现专业化培养与多样化发展的无缝衔接。最后是提供较广阔的发展空间。建立挂职锻炼制度，在资助育人工作链条中实行岗位流动机制，使资助育人工作者能接触到资助育人过程中的不同岗位，加深对资助育人工作的认识和理解，也能够丰富从基层到管理层的工作经验，从不同的视角审视和参与资助育人实践。同时也可以开拓视野，增长才干，丰富自身发展经历，为成为专家型人才或高级管理人才打下坚实的基础。通过规划和完善职业发展体系，增强资助育人工作人员的归属感和获得感，增强岗位黏性和延续性。

（三）优化工作队伍结构

良好的队伍结构既是队伍力量的支撑，也是队伍可持续发展的保障。按照系统论观点，事物的构成要素及各要素之间的相互关系影响着其整体作用的发挥。人力资源领域的同素异构原理也指出，同样的一群人会由于组织结构的不同，以及不同的权责网络和交互关系，会产生不同的集合效应。资助育人工作队伍应注重队伍的构成和优化，形成一个有制度、有结构、有网络的高效组织。只有对资助育人工作队伍中的各个组成部分进行高效配置，提升各部分之间的融洽度，才能提高人才的使用效能，充分激发个体潜能和群体潜能。从资助育人工作队伍内涵的视角来看，资助队伍结构的优化可以从广义和狭义两个层面进行分析。

一是广义层面的队伍结构优化。广义层面的工作队伍包括所有的资助育人者，即整个资助育人工作链条上的政府、高校、银行和社会力量。以高校内外为分界点，可分为校内资助育人队伍和校外资助育人队伍。校内资助育人队伍主要包括校内思想政治工作链条中的职能部门和二级学院的相关工作人员。校外资助育人队伍包括政府、金融机构、企业以及社会捐赠出资人等。广义层面的优化队伍结构，是指重点发展校内资助育人工作队伍，吸纳一切可吸收的育人主体，充实资助育人队伍，统筹兼顾校外资助育人队伍，促进两支力量协同发展，实现资源共享和能量聚合，形成资助育人的内外合力。

二是狭义层面的队伍结构优化。狭义层面的工作队伍，即高校内部直接从事资助育人工作的人员，主要包括学校资助管理中心及院系资助育人工作的具体负责人。这里的队伍结构优化主要是对队伍内部结构的优化重组和高效配置。首先，打造一支高效的专业工作团队，并且贯彻"三全育人"理念。团队以高校的学生资助机构人员和学生辅导员为主，以导师、任课教师及其他职能部门等工作人员为辅，二者侧重不同，但可以协调发展。其次，建设团队梯度和矩阵。根据团队成员的学历、专业、年龄、职级，分梯度、跨矩阵地进行队伍建设。从年龄上结合老中青教师，从学历和职称提升上鼓励和激励提高自身水平和能力，从专业上注重多学科协同和对口专业分布。最后，对队伍内部的分工合理安排。越是主体结构复杂，越应该明确每一类主体的责任边界，避免主辅不分、权责不明的情况，使队伍中的每一员都有明确的职责，各司其职，充分发挥系统合力。

第三节 丰富高校资助育人的资源供给

充足的资源保障是顺利高效开展资助育人工作的前提和基础，但这种保障不应局限于物质资源的保障，还应包括精神资源的保障和供给。满足物质与精神的双重需要是资助育人的内在要求和本质特征，只有同时满足充足的物资投入配置和源源不断的精神资源补给，才能促进新时代高校资助育人长足发展。

一、资助育人资源供给的主要内容

物质保障是资助育人保障体系协调运作的基础和前提，精神保障是高校资助育人体系得以发展的核心。资助育人应同时从物质与精神两个方面入手为受资助大学生提供保障，这两个方面的保障都是不可或缺的，能对彼此起到弥补的作用。如果过于关注物质保障的重要性，资助育人体系就不能灵活地发挥保障作用，甚至会陷入误区。如果只是从精神层面实施资助，资助将不能产生实际效果，成为空中楼阁，资助育人工作在开展过程中就会受到主观意识的影响。为了避免出现上述两种情况，在构建高校资助育人保障体系时，要同时关注两方面的资助，不能有所偏倚，只有两类保障不断拓展，才能使资助育人运行获得应有的保障和支持。

（一）物质资源保障

物质资源保障是指通过对高校资助工作提供经费和基础设施建设，以保证高校资助育人工作的顺利进行。物质资源供给需要从四个方面入手。一是资助育人工作在开展过程中要使用一定的设施设备，参与人员需要有固定的场所组织活动和办公，在教学中也要使用一系列的资源，包括教材、教辅、计算机设备等。二是资助育人在实施过程中要有资金保障，这些资金将用于资助育人队伍建设、活动等方面。三是资助资金，涉及各种奖学金、助学金、贫困生补贴、学杂费减免、突发经济困难学生补助等所需要的经费。四是资助育人各项实践活动所需的经费保障，如支持大学生开展学业辅导、社会调研、实践锻炼、文化活动等育人实践项目所需的经费等。

物质资源保障在资助育人事业发展中发挥着重要作用。首先，资助育人的前置工作是完成资助。没有经费的支持和保障，资助工作就无法开展，依托资助实现育人更无从谈起。其次，资助育人是高校思想政治工作的一部分，也是"三全育人"的重要环节。资助育人除包括教育与科研工作以外，还包括行政管理。在开展上述工作时需要投入充足的资金，以保证学校的设施水平、硬件条件的提升，让资助育人活动获得充足的物质资源，确保工作正常开展。最后，资助育人工作队伍活力的提升离不开充裕的经费保障。高校学生资助培养工作的核心是建立一支高素质的育人队伍，而所需的专项资金是开展工作和培养人才的物质基础。只有有足够的硬件保障和工作经费，才能让资助育人者得到相应的福利待遇，使他们工作更加积极，更加专注自己的职业发展，保持团队的稳定性，促进资助育人事业的长期稳定发展。

(二) 精神资源保障

精神资源保障指的是思想上、观念上等主观、非物质性保障资源的总和。高校资助育人的精神保障包括科学的指导思想、先进的工作理念、深入的学术研究和丰富的思想资源。一是指导思想保障。党的正确的思想指导在不同时期为我国建设与发展贡献了力量。新时代资助育人主要是以习近平新时代中国特色社会主义思想为思想指导和实践指南,武装头脑、学以致用,保障资助育人工作始终在正确的航道上发展。二是育人理念保障。育人理念是高校资助育人精神保障的关键。资助育人理念主要包括资助育人者在工作实践中形成的关于资助育人活动科学探索、经验积累的观点和思想凝练,作为高校资助育人的理论和价值向导,为资助育人实践活动的开展提供指引。高校资助育人的先进理念保障,不仅与我国高校思想政治工作的演进规律保持一致,也符合资助育人的实践,能对学生思想素质的形成起到促进作用,对资助育人活动的推进起到引领作用。三是学术研究保障。资助育人实践的不断深化和优化,离不开科学的理论指导,资助育人的科学研究成果能够引领资助育人实践的发展。这里的学术研究成果,不仅指资助育人工作的研究成果,也包括教育学、心理学、马克思主义理论、经济学、管理学等与资助育人密切相关学科的学术研究成果。这些研究成果为资助育人实践工作提供了持续的理论支撑、科学引导和智力支持。四是思想资源保障。资助育人工作的开展,除了需要物质资源供应量充足以外,也需要持续供给思想与文化方面的育人资源,包括传统文化、红色文化等,充分挖掘专业知识中蕴含的思想政治教育资源,凝聚校园文化、校史文化、优秀校友事迹中的独特精神力量,传递优秀网络文化成果和影视作品中的正能量。此外,资助育人者的人生经验和人文关怀等都是饱含力量又具有重要价值的资助育人思想资源库,为资助育人提供了丰富的育人素材和能量。

二、资助育人资源供给的保障方式

新时代高校资助育人体系是由资助育人各子系统组成的、复杂的综合性系统,要确保各子系统的稳定运行,必须在保障各类资源充足、稳定的基础上,优化资源配置,实现时间与人力成本的缩减,让资源得到更加合理的利用。这也为破解资助育人实践难题带来空间和可能。建立充裕、高效、畅通的资源保障体系，能够为资助育人提供基础保障，进而整体提升育人质量和水平。

（一）加大物质投入，完善经费管理

高校助学贷款项目的顺利开展，需要有充足的资金支持。目前，在资助育人实践中，高校学生资助与高校办学费用同样按"谁受益、谁负担"的原则进行分配。从人力资本与费用分担的角度来看，高等教育是一种准公共物品，它的教育成本应该是政府纳税人、高校、企业以及独立捐助者等共同承担的。高校助学资金的投资可以分为政府、高校、社会三大类。

一是提高财政投资水平。作为纳税人的集中体现，政府是高校的主要办学主体，特别是社会主义国家，应负起对学生资助的主体责任。要把学生资助工作作为一项民生工程，坚持以教育经费优先，实行"生均拨款"制度，中央财政及时拨款，地方政府足额分担，确保所辖区域内政府负担的经费保障落实到位。要健全财政拨款监管体系，坚决查处防范资金流失的风险问题。

二是加大学校投入力度。严格执行资助经费专项提取制度，同时，积极争取校外资金支持。作为资助育人经费的直接管理和使用机构，高校应建立健全校内财经管理制度，在确保资助育人经费专款专用的基础上，优化资金使用效率，避免资金浪费和无效使用，统筹安排、合理规划，建立资助育人经费使用可持续发展的长效机制。

三是广泛吸纳社会资金。倡导公益精神和捐资助学理念，鼓励社会组织、企业和个人到学校设立奖助学金，积极联络发挥校友合作、校地合作、校企合作资源力量，建立"经费吸引—高效使用—持续投入—成果共享"的长效续航共赢机制，激发资助育人物质资源活力，盘活资助育人物质资源，广泛凝聚社会资源，补充完善资助育人经费。

（二）聚合精神资源，丰富育人内涵

一是树立正确的政治方向和价值取向。资助育人的根本属性是思想政治教育属性，资助育人的核心在"育人"，因此必然要回答"培养怎样的人"的问题。资助育人工作过程中，要始终牢记立德树人的根本任务，坚定政治导向，把社会主义核心价值观作为首要的价值遵循。"要坚持不懈培育和弘扬社会主义核心价值观，引导广大师生做社会主义核心价值观的坚定信仰者、积极传播者、模范践行者。"① 唯有如此，才能确保资助育人在思想上方向不偏、路线不歪，这也是对社会主义学校"培养什么人、为谁培养人"问题的基本回应。

二是深化资助育人相关学术研究。资助育人是近十年来才兴起的研究论域，在研究的学理深度、学术厚度和研究广度上都还有很大的提升空间。首先，深化资助育人学术研究应坚持实践导向。资助育人相关学术研究，既是资助育人工作实现"将辛苦转化为成果，把经验上升为科学"的有效路径，也为推进资助育人创新发展提供了学理支撑和智力支持。深化新时代资助育人研究，需要坚持实践导向，聚焦实践前沿，把握实践需求，推进成果转化。坚持实践的视野，是思想政治教育学科的必然属性，脱离了实践的视野，也就脱离了思想政治教育研究的根基与滋养。② 其次，应不断加强资助育人研究的深度。资助育人研究出现较晚，研究时间尚短，虽然成果数量颇多，但系统的理论性著作较少，整体呈现应用型研究较多、学理性研究较少的特点。基于此，相关学者应进一步深化资助育人研究的学理深度和学术厚度，开展深入的理论阐释，为资助育人的实践发展提供更多学理依据和科学指引。最后，应不断拓展资助育人研究的广度。一方面，高校资助育人研究具有一定的综合性和复杂性，在立足马克思主义理论的基础上，应积极借鉴高等教育学、财政学、心理学、社会学、法学等多学科领域中对资助育人研究的研究方法和研究成果，增强学科间的合作与交流，促进相关研究者掌握交叉学科研究范式。另一方面，资助育人研究不应局限在对资助育人实践的方法创新和路径探索上，还应拓展更多的研究主题和维度，如对于资助育人理论体系的构建、运行机理的探讨、评价体系的建立、监督机制的完善、多育人主体间的协同性与责任边界的厘定等，都是目前研究中较为薄弱的部分，也是实践中亟待解决的课题。

三是充分挖掘各类资助育人思想资源。资助育人与课堂知识传授不同，

---

① 习近平. 习近平谈治国理政：第 2 卷 [M]. 北京：外文出版社，2017：377.
② 冯刚. 思想政治教育研究热点年度发布（2019）[M]. 北京：团结出版社，2020：4.

资助育人深入学生生活与学习、课上与课下、校内与校外，育人场域广阔、手段丰富、内容多元。这就要求资助育人工作要充分挖掘各类育人思想资源，将育人思想资源合理注入资助育人的各个环节。首先，要充分汲取我国在长期建设与发展中积淀的文化养分。中华文化是在五千年的发展中孕育的，在革命、建设、改革等各个时期实现了发展与丰富，蕴含着智慧，也体现着中国特色，给人们带来了丰厚的思想宝藏，也是资助育人最重要的思想资源库，"要弘扬中华优秀传统文化和革命文化、社会主义先进文化，实施中华文化传承工程，推动中华优秀传统文化融入教育教学，加强革命文化和社会主义先进文化教育，深化中国共产党史、中华人民共和国史、改革开放史和社会主义发展史学习教育，利用我国改革发展的伟大成就、重大历史事件纪念活动、爱国主义教育基地、国家公祭仪式等组织开展主题教育，弘扬以爱国主义为核心的民族精神和以改革创新为核心的时代精神"①。借助多样的育人载体和手段，发挥中国特色社会主义文化资源的育人能量。其次，要充分挖掘校内的育人资源。一方面，挖掘课堂中的思想教育资源，将资助育人与课程育人、学科育人相结合，推进课程思政和思政课程建设，为资助育人提供课堂思想资源；另一方面，在课外活动和校园生活中集聚育人元素，搜集校园文化中的思想资源，发挥校训、校歌、校史在教育人、引导人方面的作用，细致入微地建设班风、舍风等，形成健康的学风和向上的校风，以学术沙龙、辩论大赛、读书汇报会等形式传递育人思想，丰富资助育人精神资源。最后，要在丰富的社会实践活动中凝练育人资源。实践育人是我国高校思想政治教育工作的重要内容，也是能使大学生丰富阅历、增长才干、开拓视野、锻炼能力的教育形式。通过社会实践，可以让学生走出校园，走入社会，走向基层，走进群众，既要让学生有担当，能承担社会责任，也要让他们感受到创新的巨大力量，利用融入社会、感受生活的形式为学生提供在校园里难以获取的宝贵思想财富，为资助育人提供不竭的思想资源。

---

① 关于加强和改进新形势下高校思想政治工作的意见 [N]. 人民日报，2017-02-28.

第四节　优化高校资助育人的环境体系

在资助育人实践的基础上与资助育人主体、资助育人活动发生关联的客观要素总和构成了资助育人环境。资助育人环境对高校资助育人效果有着重要影响，尤其是进入新时代，全球经济、政治、文化、科技等方方面面都产生了巨大变革，深刻改变着人们的生活，人们的思想也随之发生改变。在资助育人的过程中，环境是重要的参与因素。在新的发展形势下，资助育人因为环境的改变而面临挑战，由此形成了"多米诺骨牌"效应。在关注资助育人的同时，也需要认清高校所处的环境，并思考如何根据环境的新形态开展高校资助育人工作。总之，资助育人环境的构建和优化是资助育人研究和实践中不可忽视的内容。

一、资助育人环境体系的优化内容

资助育人环境体系的构建，需要明确一个问题：资助育人的环境体系包括哪些内容。广义的客观环境是资助育人活动得以展开的必要条件，但资助育人需要研究和建构的环境并不是泛化的、一般意义上的自然环境，而是通过人的对象化活动被引入资助育人特定活动情境中的环境。在构建资助育人体系时，如果脱离了环境而单独进行理解，就会造成理解泛化的问题，在对环境进行定义时造成广义概念与狭义概念的混淆，也会模糊一般环境与特殊环境，无法保证研究的细致性与针对性。环境是客观存在的，其之所以能成为资助育人环境，是因为其被引入资助育人活动并发挥了相应的环境功能。要解答这个问题，需要立足于思想政治教育学科，对资助育人环境的构成及其对育人活动的影响进行分析。综上所述，资助育人环境是指影响资助育人活动和育人对象的所有外部因素，可以划分为自然环境和社会环境两大类。相比较而言，社会环境对于资助育人的影响更大，因此下面主要讨论资助育人的社会环境。从环境的影响范围来看，资助育人的社会环境又可以分为宏观环境与微观环境。

（一）资助育人的宏观环境

资助育人的宏观环境包括整个社会环境中对资助育人系统造成影响的所有因素，主要包括如下四种。

一是经济环境。对资助育人而言，经济环境即对育人对象的思想品德和思想政治教育活动造成影响的社会经济发展情况。经济制度对个人经济生活条件能造成直接影响，在受教育者身上，这种影响主要体现在思想品质方面。通常情况下，经济生活条件如果比较优越，或生活条件得到不断改善，则可以促进受教育者更好地认同社会主义经济制度和社会主义核心价值观，有利于形塑其良好的道德品行；反之亦然。在生活中，每种分配方式都会对人们的经济生活造成必然联系，个人与生产资料所有制之间能形成怎样的联系，既取决于分配方式，也取决于个人在社会中的地位。资助工作的产生，本身就与社会经济发展水平密切相关，是基于保障经济欠发达地区、家庭经济困难学生接受教育的权利而产生的教育政策，其运行必然与经济环境密切相关。

二是政治环境。资助育人的政治环境是指影响资助育人对象的思想及行为的政治体制和制度，也包括特定社会体现出的政治状况。经济是政治制度形成的基点，在上层建筑中处于核心位置，能反映阶级利益。政治制度的创建就是要维护阶级利益，指明在社会中拥有最高地位的是哪一个阶级，能当家做主的是哪一个阶级。可见，思想政治教育在实施中，其领导权掌握在哪个阶级的手中，政治制度就会做出相应的规定。在我国，国家的主人是工人阶级和广大人民群众，国家的一切权力属于人民。这一根本规定有助于受教育者形成主人翁意识和强烈的责任感，继而形成良好的思想品德，也推进了思想政治教育活动顺利开展并取得实效。但是，在社会主义体制基本建立之后，仍然存在一个持续发展和完善的进程，这个进程将贯穿整个社会主义初级阶段。政治制度的制定与执行之间依然存在的差距会引发一系列问题，进而使生活在这种政治环境中的育人对象的思想状态和行为模式发生变化，对资助育人活动的开展造成不良影响。

三是文化环境。社会意识形态是文化环境的重要组成部分，与之相匹配的组织机构和制度等都属于文化环境中的内容。物质是建立在文化基础上的，社会物质生产的快速发展会对文化环境的改良产生积极影响，也会对物质生产起到反向促进作用。文化是由人创造的。物质与精神两方面的财富在人的努力下逐渐积淀，由此形成了复杂的文化环境。在社会生活中，文化是一种必然产物，是历史与现实因素的表现形式，社会中的每个人都置身于文化环境中，其思想品质的发展会受到文化环境长期而深远的影响。因此，任何一项思想政治教育活动包括资助育人在内，都必然要在特定的文化氛围中进行。

四是传媒环境。资助育人的大众传播环境通常指的是包括报刊、图书、电视和网络等载体在内的大众传媒通过传播各种资助育人信息而构成的环境。在现实生活中，大众传播环境越来越深刻地影响着资助育人活动和教育对象。作为资助育人环境系统的关键因素，大众传播的发展构建了拟态环境，这会对受教育者造成影响，这种影响主要体现在思想品德方面。人们的生活与大众传播之间形成的联系越紧密，这种影响就越深刻。在当代社会生活中，通过各式传播媒介获取信息已成为人们日常生活的习惯，这种获取信息的方式逐渐改变了人们的思想观念、行为习惯和交流方式。资助育人活动的开展也离不开各种传播媒介。对于资助育人来说，传播媒介既是重要的育人载体，也是育人环境的重要组成部分。这就要求资助育人注重大众传媒环境对育人对象方方面面的影响，注意通过大众传媒传播育人信息、开展育人活动，从而对育人对象施加更加广泛、有力的影响。

（二）资助育人的微观环境

微观环境是直接影响资助育人活动开展的具体环境要素。相较于宏观环境，微观环境对资助育人对象产生的影响更深入、更直接。

一是学校环境。学校是有组织、有计划、有目的地向特定群体传授科学文化知识、生产技能、价值观念、政治观点、社会准则以及培养合格公民的社会组织。学校对学生思想品德的影响主要依托课堂教学、日常管理和生活引导等方面进行。高等教育对大学生的思想认知、能力素养等方面的发展发挥着重要作用。作为一种专门性的育人环境，与其他环境相比，其育人活动更具计划性和目的性，对育人对象的思想品德的塑造更具有指导性和针对性。作为资助育人活动开展的主要场所和环境，学校环境具有一定的特殊性。首先是具有较强的政治性。高校担负着对学生进行思想引领的重要职责，学校系统在传授科学文化知识的同时，还需要按国家和社会的要求对青少年进行世界观、人生观、价值观教育。这一特点不仅体现在学校有组织的教育活动中，而且体现在整个学校环境中。政治性是学校环境区别于其他环境的重要特点之一。其次是具有明确的目的性。学校是遵循教育规律，根据受教育者的特点提供有针对性教育的专门育人机构。从对象、内容和方式来看，学校环境开展育人活动都是具有明确针对性的，其育人方向和要求需要与国家和社会发展需求一致，是有计划、有目标、有针对性地开展育人活动的育人环境。最后是具有全面引领性。学校是社会的一个缩影，复杂的社会生活在学校环境中会有所映射和体现，学校除了在课堂上对学生进行知识传授外，还会通过校园文化建设、日常思想政治教育等方式对学生进行思想引领和人格塑造，这些因素构成了学校环境。大学生长期生活在这样的环境中，就会耳濡目染地受到显性或隐性教育的影响，使自己的情操受到陶冶、意志品格受到锻炼。学校环境往往融政治性、知识性、思想性、社会性等因素为一体，对育人对象的成长和发展产生全面的引领，帮助学生形成正确的世界观、人生观、价值观，使其具备将来在社会中生存和长远发展的能力。这也是学校环境区别于其他环境的重要特点。

二是家庭环境。家庭环境的影响面只局限于家庭成员，这种影响在未成年人的身上体现得尤为突出。家庭环境是由多个要素构成的，如不同家庭成员之间的关系、物质条件、精神风貌、父母的思想品质、家长的人生态度等。① 实际上，每个人的品行和个性等都是在家庭环境中逐渐形成的，阳光而快乐的青年大多来自有着良好环境的家庭，如果家庭环境恶劣，将对青少年的发展形成制约。人们把家庭比作一生中的第一所学校，比作孕育人才的摇篮，对学生思想品德的形成以及个人价值观念的塑造具有极其重要的作用。尤其是对于高校资助育人而言，家庭环境更是整个资助育人工作链条中的重要一环。首先是家庭经济条件的影响。家庭经济情况的差异带来的家庭环境的不同，导致了育人对象从小成长环境的巨大差异，必然会对学生的成长发展带来一定的影响。高校资助育人的重要教育对象就是家庭经济困难学生。

---

① 陈万柏，张耀灿. 思想政治教育学原理：第3版［M］. 北京：高等教育出版社，2015：110.

这部分学生在进入大学之前，大多生活在家庭环境中，而在家庭经济状况不好的环境中成长，将面临更多的生活困境和挫折，难免会产生自卑、敏感、脆弱、抑郁等心理。其次是家长认知和言行的影响。家长是家庭环境的重要构成主体，也是施行家庭教育、营造家庭氛围的主导者，其思维认知、教育理念、性格特点、文化水平、思想道德水平和行为举止等都会对孩子产生潜移默化的影响，这些因素也是家庭环境的重要构成部分，这种影响有非常强的渗透性，对孩子的影响是直接且深刻的。最后是家庭成员间的关系。家庭环境涉及家长和孩子多个主体，有时候是几代人共同营造构成的复杂系统。家庭成员间的关系及相处模式，也是构成家庭环境和家庭氛围的重要因素。人一出生就在家庭中生活，并且一生都伴随着家庭，和谐、融洽的家庭环境对孩子的成长会产生积极的影响，而紧张的家庭关系营造的家庭环境氛围则对孩子的成长非常不利。

三是社会组织环境。社会组织就是指社会职能在发挥作用的过程中，或是特定工作目标在形成过程中逐渐组成的独立性较强的社会群体，包括慈善机构、政府部门等。在人类生产生活中，所有的社会组织都要履行相应的责任，这也是人类社会性的直接体现形式。资助育人工作除了与学校有关，还牵涉政府机关、金融机构、企业、慈善机构等，这些都是社会组织环境的重要构成部分，而这些社会组织也主动或无意地承担了一定的育人职能，这不仅是资助育人工作的要求，也是社会组织具有社会责任感的重要体现。资助育人对象在接受社会资助和帮扶的同时，天然地与这些组织建立了联系，自然也就处于社会组织的环境中并受其影响。一方面，社会组织是资助工作的重要主体，也是资助工作重要的物质资金来源；另一方面，这些社会组织是学生在校期间与外界接触的机构，其言行、办事方式、资助力度、资助流程等方面会对学生产生一定的影响。

四是朋辈群体环境。朋辈群体，包括朋友和同辈两层含义，指年龄相近、性格相似，家庭背景相近的群体。这部分人相对更容易沟通和互相理解，彼此之间形成了较为密切的关系。大学生朋辈群体能体现出朋辈群体的基本特征，也能体现出大学生的独特性。在年龄上，可以将他们称为"青年"。从学历上看，他们接受了良好的教育，形成了强烈的自主意识。大学生朋辈群体在相处过程中，很容易建立融洽的关系，也能在价值观方面保持一致，群体之间的凝聚力比较强，会对每个成员的行为、意识等产生影响。① 网络环境下，大学生朋辈群体借助多种媒介实现了无障碍交流，时间与空间都不会对其交流造成阻碍，他们的思想会受到朋辈群体环境的重要影响。对大学生个体来说，群体环境的影响既可以是积极的也可以是消极的，既可以是正面引领，也可以是负面诱导。朋辈群体环境的影响主要有以下特点：首先是潜隐性。与学校教师进行的思想教育不同，朋辈间的日常互动多是非官方、非正式、非计划性的，这种互动往往在学生放松的状态下进行，而且深入学生日常生活的方方面面，相比学校教师进行的教育，这种朋辈群体环境的影响更广、更深入、更隐形。其次是交互性。在朋辈群体环境中，学生间的影响是多向交互的，而非单纯的一方影响另一方。学生在交往互动的过程中互相理解、增进友谊、互相感染、互帮互助，这种交互性使朋辈环境对学生思想品德的影响更加复杂、生动。最后是群体性。朋辈群体环境的主体不仅可以由个体组成，也可分解为一个个小群体，这种群体力量往往会导致群体极化、信息茧房、集体无意识、盲目从众等群体效应，积极引导则可以发挥群体感染力，带动个人思想和行为的积极向上。如果不能正确引导，则会产生群体行为偏差、群体暴力事件或舆情事件等。由此可见，朋辈群体环境会对学生成长发展产生巨大的影响。因此，要强化朋辈群体环境的构建与优化，遏制其负面效应，使其在资助教育中发挥应有的作用。

二、资助育人环境体系的优化路径

马克思在《关于费尔巴哈的提纲》中对人与环境的关系进行论述时提道："环境是由人来改变的，而教育者本人一定是受教育的。"② 马克思、恩格斯的人与环境关系论，发展了旧唯物主义的观点，辩证地看待了人与环境之间的内在联系，认为人与环境是互动、共生、相互依赖的关系。现实中的人一

① 杨婷，蒋毓慧. 朋辈群体特性对大学生政治认同影响的实证研究 [J]. 思想政治教育研究，2021，37（2）：128-135.
② 马克思，恩格斯. 马克思恩格斯选集：第 1 卷 [M]. 北京：人民出版社，2012：134.

定是在特定环境里开展实践性活动的，人的思想品德和思想政治教育都受到环境的制约和影响，同时，人的主体性特点又决定了人可以积极能动地作用于环境，通过社会实践活动认识和改造环境。同样地，资助育人环境也可以进行能动的改造和优化，即通过一定方式充分利用环境中的积极因素，并将环境中的消极因素转化为积极因素，使环境成为资助育人发展的促进因素，以充分发挥其对资助育人对象的感染、熏陶作用，提高资助育人的实效性。

（一）创建和谐融洽宏观育人环境

进入新时代，随着我国经济水平的不断提高，科技文化发展的日新月异，以及国际形势的不断变化，资助育人的宏观环境也随之产生变化。着手创设和谐、融洽的资助育人宏观环境，是构建新时代资助育人支持体系的必然要求。

首先是优化政治环境。政治环境对育人对象的思想品德和思想政治教育的影响最直接、最突出。良好的政治环境是高校开展资助育人工作的基本环境保障。从根本上说，优化资助育人的政治环境，就是要加强社会主义民主和法治建设，全面推进依法治国，建设社会主义法治国家。一方面，要坚持和完善民主制度，保障人民基本权利，持续关注经济欠发达地区，坚持推进教育公平，保障家庭经济困难学生受教育的权利，保证人民的主人翁地位，为资助育人创造根本的政治条件；另一方面，要坚持依法治国，加强社会主义法制建设，推进资助育人相关政策纳入法治化管理的进程，形成完备的法律规范体系、高效的法治实施体系、严密的法治监督体系、有力的法治保障体系，为资助育人相关工作提供良好的法治环境。

其次是优化经济环境。良好的经济环境是开展资助育人的基础条件。随着我国脱贫攻坚战取得了全面胜利和我国经济实力的不断增强，新时代资助育人工作的经济环境也与过去有了很大的不同。2021年，我国消除了绝对贫困，脱贫攻坚战取得全面胜利。① 接下来，应举全党全国之力，统筹安排、强力推进，让包括脱贫群众在内的广大人民过上更加美好的生活，朝着逐步实

---

① 脱贫攻坚战，全面胜利 [EB/OL]．（2021-02-25）[2021-11-02]．https：//baijiahao．baidu．com/s？id=1692669149089139103&wfr=spider&for=pc．

现全体人民共同富裕的目标继续前进，不断提升我国的综合国力和人民生活水平，这是从宏观上优化资助育人经济环境的根本举措。生产力是实现我国社会全面发展和人的全面发展的基础，只有切实提升脱贫地区的经济发展水平和人民生活水平，才能从根本上解决家庭经济困难学生的经济困难问题。同时，我们要深刻认识到资助育人工作在巩固拓展脱贫攻坚成果、做好乡村振兴、推进脱贫地区发展、改善脱贫地区群众生活等新任务中具有重大意义。要通过资助育人，促进家庭经济困难学生全面发展，增强本领，为经济欠发达地区培养人才，反哺其经济建设，改善经济环境。

再次是优化文化环境。文化是特定地区、特点人群习以为常的生活方式，也是每个人每天所思、所用、所创的鲜活的劳动生产生活实际。人们生活在这样一种熟知的文化氛围中，潜移默化地接受了这种生存方式的影响，这种文化环境也因此成为影响人们思想和行为的重要因素。① 文化环境是在潜移默化中影响人们的，人们往往在不知不觉中受到文化环境的熏陶和感染。这一特点要求我们加强对文化环境的优化，使其对人们产生更积极的影响。进入新时代，一方面，随着东西方文化的频繁交流与碰撞，受多元文化思潮的冲击，优秀传统文化和民族精神传承面临挑战，部分承载着优秀传统文化的活动逐渐消减。另一方面，随着经济社会的高速发展，人们在基本生活需求得到基本满足之后开始追求精神生活的多样性。文化环境中"低俗""色情""暴力"内容屡禁不绝，"爱豆"文化、"泛娱乐化""快餐式"文化在大学生中普遍蔓延，文化产业发展中也存在着政治性淡化和价值引领功能缺位的现象。文化环境中的这些消极因素无疑会对资助育人产生负面影响，可以从以下三个方面进行优化：一要坚持正确的文化发展方向。在文化建设中坚持社会主义核心价值体系，坚持马克思主义指导思想，坚定文化自信，推动文化繁荣兴盛，在中华优秀传统文化、革命文化、社会主义先进文化的滋养中不断提升人民素养、化解复杂矛盾，进而促进人的全面发展。② 二要促进各项文化事业的健康发展。各项文化事业是文化环境的重要构成因素，在满足教育

---

① 冯刚. 新时代文化育人的理论考察［J］. 学校党建与思想教育，2019（5）.

② 冯刚，王振. 以文化人在国家治理体系现代化中的价值意蕴［J］. 北京大学学报（哲学社会科学版），2019（6）.

对象的精神文化需求、提高教育对象的思想品德方面有重要作用。因而必须大力发展各项文化事业，努力提高文化水平，营造健康的文化环境，为资助育人创造良好的文化条件。三要抓好文化市场建设和管理，优化文化市场环境。我国的文化市场在丰富群众精神文化生活、促进社会主义精神文明建设方面发挥着重要作用。但目前也存在一些突出的问题，对资助育人产生了一定的冲击。如网络上"网红"炫富、拜金、整容风潮的盛行，对资助育人对象尤其是家庭经济困难学生的心理造成了冲击，不利于其塑造正确的价值观和人生目标，也不利于其建立正确的消费观和金钱观。要尽快完善有关法律法规，规范文化市场行为，大力扶持健康文化产品和文化服务，为资助育人营造良好的文化市场环境。

最后是优化传播环境。大众传播在丰富人们精神生活、塑造人们精神面貌方面发挥了积极作用，但也存在一些不可忽视的问题。这些问题对资助育人造成了一定的干扰，尤其是随着互联网和各种新媒体深入人们的生活，网络和自媒体已经成为现实社会的延伸及重要的思想文化阵地。而网络上良莠不齐的各种信息，也引发了一些问题，如信息垃圾弱化着现实社会中人们的思想道德意识，解构着现实社会中的道德伦理，误导着人们的行为。网络的隐蔽性导致不道德行为和违法犯罪行为激增。网络乱象滋生矛盾和混乱，冲击着网民世界观、人生观、价值观的确立，酝酿着社会的不良思潮，等等。思想政治工作在网络空间的主导权面临着被削弱的危险。因此，净化网络空气、优化资助育人文化环境的网络空间越发重要。正如习近平总书记指出的："网络空间是亿万民众共同的精神家园。网络空间天朗气清、生态良好，符合人民利益。网络空间乌烟瘴气、生态恶化，不符合人民利益。"① 营造良好的网络传播环境需要多头着力。一要建立健全网络综合治理体系，全面提高网络治理能力。制定与完善相关网络管理制度，科学认识网络传播规律，提高用网、治网水平，确保互联网可管、可控，使互联网更加清朗、安全。二要开辟思想政治教育新阵地，丰富和占领网络文化阵地，加强主流意识形态和先进思想文化的网上传播与弘扬，弘扬社会主义先进文化的主旋律，掌握网

---

① 习近平. 习近平谈治国理政：第2卷 [M]. 北京：外文出版社，2017：336.

络阵地话语权，引领社会思潮。推动思想政治教育从传统媒介话语向网络社交媒介话语的现代转型，提升网络思想政治教育的亲和力。三要增强媒体从业者的行业自律，加强其思想道德水平和文化修养，增强其责任担当和使命感。此外，也不应忽略对报刊、广播、电视等传统大众传媒的监管，使其始终弘扬主旋律，坚持用正确舆论引导人，用高尚精神塑造人，加强正面宣传，树立先进典型，倡导新风格，以形成积极的舆论环境。

（二）多措并举优化微观育人环境

相较于宏观育人环境，微观育人环境对资助育人的影响更直接、更深刻。需要从学校环境、家庭环境、社会环境和朋辈环境几个方面多管齐下，构建立体的微观育人环境体系，积极构建同向同行、优势互补的全员、全程、全方位资助育人格局。

一是坚持以文化人，优化校园环境。首先，加强校园物质环境建设。优化校园环境，要结合学校实际开展相应的工作，在校园环境建设、文化景观布置方面，都要体现出办学风格。在教学设施、学生生活条件方面要加大投入力度，满足学生发展和资助育人工作需求。要想让校园氛围能积极影响到学生，硬件环境建设不可或缺。应兼顾建设的思想性、文化性、合理性、整体性等原则，在不浪费的前提下，为大学生提供舒适的生活学习环境，也为资助育人提供必要的场所、设施等外部环境保障。其次，加强校园文化建设。大学校园文化是校园建设中的一项重要内容，能充分体现出大学的本质，也是其育人属性的外显，可以彰显高校在长期发展与建设中形成的价值取向。校园文化可以满足学生发展进步的需求，通过适时组织大学生开展多种活动，可以培养学生锐意进取的精神品格，同时对师生行为、态度、情感产生影响，是物质与精神文明建设成果的综合体现，而且会在传承中实现突破。① 校园文化是资助育人的重要依托。从建设内容上看，主要包括大学精神培育、校园文化活动、班团建设、学术文化等很多方面。从建设路径看，可以从精神、物质、制度、行为四个维度组织开展。应制定科学合理的校园文化建设规划，不断探索校园文化建设创新机制，通过多样的文化载体、文化活动、文化资

---

① 冯刚，孙雷. 新时代高校校园文化建设概论［M］. 北京：光明日报出版社，2019：22.

源加强校园文化气息和人文审美教育。充分利用大学的软资源，集聚文化资源力量，在文化建设中体现出学术自由。同时，对科学与人文精神的发展予以重视，让现代与传统能交织在一起实现发展，也要具备全球视野，能对多元文化进行批判性接纳。① 应用大学精神和校园文化的力量感染学生，促进学生思想道德和品位修养的提升，为资助育人提供丰富的文化资源和环境。最后，营造浓厚的育人氛围。应进一步唤醒资助中心工作人员、班主任、心理教师、管理人员等的热情，使他们在育人方面形成高度自觉，在不同岗位发挥育人优势，对其他工作提供支持，实现联动协同发展，产生同频共振的良好效果。将资助育人融入教学、管理、服务各个环节，纳入学校整体教育培养规划链条，推进资助育人内涵式发展，打造资助育人新格局。

二是强化家风建设，密切家校协同。资助育人是一项牵涉多主体的综合性工作，只依靠学校单方面的努力是难以有效推进的，家庭教育和家庭环境也不可忽略。其一，加强家风建设，营造良好的家庭环境。在与家长进行交流时要采用多样化的方式，把先进的教育思想渗透给家长，引领他们意识到言传身教的重要性。使其能把良好的作风、精神、品质等以耳濡目染的方式传递给子女，让优秀的家风代代传承。其二，增进学校与家庭之间的联系，形成有效的沟通机制。及时通报最新资助育人动态和学生情况，吸引家长关心、支持资助育人工作，提高其对子女在学校各方面情况的知情度，使家庭成为学校资助育人的坚定支持者和有力同盟者。高校教师可以通过电话、网络、信件等方式建立与家庭的联系。其三，注重对经济困难家庭的人文关怀。高校教师要深入受资助大学生的家庭，了解他们的家庭生活情况，而且要把这一工作当成常态。通过实地考察与走访，教师会对学生的家庭经济水平有更多的了解，与学校沟通之后把温暖送给学生和学生家长。在这一过程中，教师要向家长宣传资助政策和资助育人理念，引导家长正确看待资助政策。

三是联合社会力量，营造育人氛围。高校与社会从来都是紧密联系、不

---

① 钟秉林，方芳. 一流本科教育是"双一流"建设的重要内涵 [J]. 中国大学教学，2016 (4)：4-8，16.

可分割的。① 依靠全社会共同来做思想政治工作，这是党在多年实践中积累的宝贵经验，思想政治工作也要按照这一规律开展。② 尤其是高校资助育人工作，离不开社会力量提供资源。这种资源不仅是物质资源的提供，也包括育人力量的贡献。促进高校与社会互通，充分整合和调动社会力量，提高高校与社会力量协同育人的深度融合、高效衔接很有必要。首先是吸引和聚合社会力量。高校应主动联络、吸引社会资源和社会力量，提升社会各界对资助育人工作的关注度和支持度，并将吸引到的社会力量进行高效整合，物尽其用。社会各界也应转换思维，提升社会责任感，摒弃育人只是学校责任的旧观念，在对高校学生进行物质资助的同时，也要积极提供思想政治教育资源，主动承担育人责任，创新育人形式。其次是充分发挥高校的能动性。高校也不应只是一味地索取社会力量，还应该主动承担社会责任，发挥自身优势，聚焦社会对高校的期待和需求，向社会反馈资助育人成果，如对受助学生进行诚信教育、感恩教育，引导学生为国家、社会做贡献。推进科教融合、产教融合，大力培养社会紧缺人才，向社会输送优秀的人力资源。最后是加强高校与社会的深度融合。高校和社会应在保有各自独立的职能外，探索校内和校外育人环境的贯通融合，将"三全育人""大思政"格局理念拓展至相关社会组织③，从而打破校园环境的物理壁垒，使资助育人工作在资源、空间和力量上与社会实现互通，深化双方合作，营造浓厚的育人氛围，共同促进高校资助育人事业的深化与发展。

四是善用榜样教育，加强朋辈互助。首先，强化榜样的示范作用。榜样可以发挥重要的激励作用。中国共产党在实践中非常重视榜样教育，在各个行业中塑造典型、培育榜样，扩大榜样人物的教育辐射面，在革命、建设和改革等各阶段都有不同的榜样人物形象深入人心，他们成为主流价值观传承

---

① 冯刚，高山，等. 新时代高校思想政治教育治理论［M］. 北京：中国社会科学出版社，2021：305.

② 孙其昂. 论依靠全社会共同来做思想政治工作［J］. 河海大学学报（哲学社会科学版），2004（1）：68-70，74.

③ 冯刚，高山，等. 新时代高校思想政治教育治理论［M］. 北京：中国社会科学出版社，2021：299.

的重要力量。习近平总书记强调："伟大事业孕育伟大精神，伟大精神引领伟大事业。"① 与社会中的榜样人物相比，从朋辈群体中选树学生身边的正面典型和榜样，更容易激发学生的共鸣。资助育人中"奖优"的部分天然地与榜样教育理念相契合，科学合理地运用"奖优"工作的特点，充分发挥奖学金示范效应和育人功能，树立身边的榜样，发挥学生骨干的带动作用，营造积极向上、奋勇争先的朋辈群体环境。其次，加强朋辈互助。自朋辈教育理论提出以来，通过不断发展逐渐形成了"朋辈互助"这种特色化较强的自我教育方式，引领一群语言相通、兴趣相同、年龄相近的青年人互相交流、互相扶持，用自己的优势影响他人，也在他人的帮助下改进不足，携手成长。② 与其他教育形式有所不同，这种教育模式凸显了自我教育的重要性，能更好地体现友谊的价值，也具有自愿性的特征，覆盖面比较广，干预较为直接。资助育人与课堂知识性传授教育不同，是一种深入学生学习、生活、行为、思想等方面的综合发展教育。朋辈互助可以深入教师不能到达的领域，朋辈之间的陪伴、互助能帮助学生缓释学习和就业等方面的压力，又能起到良好的相互督促、突发事件预警作用。朋辈间的帮助和关怀也可以于无形中给家庭经济困难学生更多温暖。相比刻意、隆重的关怀，这种互帮互助模式对于保护家庭经济困难学生的自尊心和隐私有很好的效果。因此，要重视朋辈群体环境的优化，如提升学生的社交能力，建立良好的交友心态，加强院、班、宿舍团体建设，积极化解与同学的矛盾，营造轻松、和谐、亲密的朋辈群体环境。

总而言之，资助育人事业的发展，不仅需要自身运行系统通畅完整，还需要有外部支持系统提供各方面的保障，构建科学完善的制度，配备质优量足的育人队伍，确保充足稳定的资源供给，营造和谐融洽的育人环境，这些都是支持和保障新时代高校资助育人长足发展的必要措施。

---

① 习近平. 习近平谈治国理政：第 4 卷 [M]. 北京：外文出版社，2022：137.
② 李艳萍，廖利明. 朋辈理念下大学生思想政治教育的开展 [J]. 吉首大学学报（社会科学版），2017，38（S2）：148–150.

参考文献

一、经典著作和文献

［1］马克思，恩格斯．马克思恩格斯选集：第1卷［M］．北京：人民出版社，2012.

［2］马克思，恩格斯．马克思恩格斯选集：第2卷［M］．北京：人民出版社，2012.

［3］马克思，恩格斯．马克思恩格斯选集：第3卷［M］．北京：人民出版社，2012.

［4］马克思，恩格斯．马克思恩格斯选集：第4卷［M］．北京：人民出版社，2012.

［5］马克思，恩格斯．马克思恩格斯文集：第1卷［M］．北京：人民出版社，2009.

［6］马克思，恩格斯．马克思恩格斯文集：第8卷［M］．北京：人民出版社，2009.

［7］马克思，恩格斯．马克思恩格斯文集：第9卷［M］．北京：人民出版社，2009.

［8］马克思，恩格斯．马克思恩格斯全集：第1卷上册［M］．北京：人民出版社，1995.

［9］马克思，恩格斯．马克思恩格斯全集：第3卷上册［M］．北京：人民出版社，1960.

［10］马克思，恩格斯．马克思恩格斯全集：第26卷上册［M］．北京：人民出版社，2014.

[11] 马克思，恩格斯．马克思恩格斯全集：第46卷上册 ［M］．北京：人民出版社，1979.

[12] 马克思，恩格斯．马克思恩格斯全集：第46卷下册 ［M］．北京：人民出版社，1980.

[13] 列宁．列宁选集：第1卷 ［M］．北京：人民出版社，2012.

[14] 列宁．列宁选集：第2卷 ［M］．北京：人民出版社，2012.

[15] 列宁．列宁选集：第3卷 ［M］．北京：人民出版社，2012.

[16] 列宁．列宁选集：第4卷 ［M］．北京：人民出版社，2012.

[17] 列宁．列宁全集：第55卷 ［M］．北京：人民出版社，2017.

[18] 毛泽东．毛泽东选集：第1卷 ［M］．北京：人民出版社，1991.

[19] 毛泽东．毛泽东选集：第2卷 ［M］．北京：人民出版社，1991.

[20] 毛泽东．毛泽东选集：第3卷 ［M］．北京：人民出版社，1991.

[21] 毛泽东．毛泽东选集：第4卷 ［M］．北京：人民出版社，1991.

[22] 毛泽东．毛泽东文集：第1卷 ［M］．北京：人民出版社，1993.

[23] 毛泽东．毛泽东文集：第2卷 ［M］．北京：人民出版社，1993.

[24] 毛泽东．毛泽东文集：第3卷 ［M］．北京：人民出版社，1996.

[25] 邓小平．邓小平文选：第1卷 ［M］．北京：人民出版社，1994.

[26] 邓小平．邓小平文选：第2卷 ［M］．北京：人民出版社，1994.

[27] 邓小平．邓小平文选：第3卷 ［M］．北京：人民出版社，1993.

[28] 江泽民．江泽民文选：第1卷 ［M］．北京：人民出版社，2006.

[29] 江泽民．江泽民文选：第2卷 ［M］．北京：人民出版社，2006.

[30] 江泽民．江泽民文选：第3卷 ［M］．北京：人民出版社，2006.

[31] 胡锦涛．胡锦涛文选：第1卷 ［M］．北京：人民出版社，2016.

[32] 胡锦涛．胡锦涛文选：第2卷 ［M］．北京：人民出版社，2016.

[33] 胡锦涛．胡锦涛文选：第3卷 ［M］．北京：人民出版社，2016.

[34] 习近平．习近平谈治国理政：第1卷 ［M］．北京：外文出版社，2014.

[35] 习近平．习近平谈治国理政：第2卷 ［M］．北京：外文出版社，2017.

[36] 习近平. 习近平谈治国理政: 第 3 卷 [M]. 北京: 外文出版社, 2020.

[37] 习近平. 习近平谈治国理政: 第 4 卷 [M]. 北京: 外文出版社, 2022.

[38] 中共中央文献研究室. 十六大以来重要文献选编（下）[M]. 北京: 中央文献出版社, 2008.

[39] 中共中央文献研究室. 习近平关于全面从严治党论述摘编 [M]. 北京: 中央文献出版社, 2016.

[40] 中共中央文献研究室, 中央档案馆. 中共中央文件选集（1949—1966）[M]. 北京: 人民出版社, 2013.

[41] 中共中央文献研究室, 中央档案馆. 建党以来重要文献选编（1921—1949）[M]. 北京: 中央文献出版社, 2011.

[42] 中共中央文献研究室, 中央档案馆. 建国以来重要文献选编: 1~20 册 [M]. 北京: 中央文献出版社, 2011.

[43] 中央文献党史和文献研究院. 十九大以来重要文献选编（上）[M]. 北京: 中央文献出版社, 2019.

[44] 艾思奇. 辩证唯物主义纲要 [M]. 北京: 人民出版社, 1959.

[45] 白显良. 隐性思想政治教育基本理论研究 [M]. 北京: 人民出版社, 2013.

[46] 曹清燕. 思想政治教育目的研究: 基于马克思主义人学视角 [M]. 北京: 中国社会科学出版社, 2011.

[47] 查正权. 何以成人: 马克思关于人的范畴研究 [M]. 南京: 南京大学出版社, 2015.

[48] 常青伟. 思想政治教育环境渗透研究 [M]. 苏州: 苏州大学出版社, 2015.

[49] 陈秉公.21 世纪思想政治教育工作创新理论体系 [M]. 长春: 吉林教育出版社, 2000.

[50] 陈秉公. 结构与选择: 马克思主义人的生命本体论新探索 [M]. 北京: 中国人民大学出版社, 2017.

[51] 陈秉公．思想政治教育学原理［M］．北京：高等教育出版社，2006.

[52] 陈虎．江苏资助育人研究：第5辑［M］．南京：南京师范大学出版社，2016.

[53] 陈华洲．思想政治教育资源论［M］．北京：中国社会科学出版社，2007.

[54] 陈万柏，张耀灿．思想政治教育学原理：第3版［M］．北京：高等教育出版社，2015.

[55] 陈志尚．人学新探索：来自马克思主义哲学视角的反思［M］．北京：北京师范大学出版社，2016.

[56] 代黎明．高校思想政治教育实效性研究［M］．北京：北京理工大学出版社，2018.

[57] 邓军．高校思想政治工作质量提升理论与实践：资助育人卷［M］．桂林：广西师范大学出版社，2019.

[58] 范先佐．教育经济学新编［M］．北京：人民教育出版社，2015.

[59] 范跃进．大学生思想政治教育模式建构与实践［M］．北京：中国文史出版社，2014.

[60] 冯刚，高山，等．新时代高校思想政治教育治理论［M］．北京：中国社会科学出版社，2021.

[61] 冯刚，张晓平，苏洁．中国共产党高校思想政治教育发展史［M］．北京：人民出版社，2021.

[62] 冯刚．大学生思想政治教育工作概论［M］．北京：北京师范大学出版社，2020.

[63] 冯刚．改革开放40年高校思想政治教育编年史（1978—2018）［M］．北京：北京师范大学出版社，2019.

[64] 冯刚．改革开放以来高校思想政治教育发展史［M］．北京：人民出版社，2018.

[65] 冯刚．高校思想政治教育工作质量评价研究［M］．北京：人民出版社，2020.

［66］傅林主. 高等教育学［M］. 北京：高等教育出版社，2021.

［67］高清海. 马克思主义哲学基础（下册）［M］. 北京：人民出版社，1987.

［68］顾昕. 中国社会政策［M］. 北京：北京师范大学出版社，2006.

［69］韩庆祥. 现实逻辑中的人：马克思的人学理论研究［M］. 北京：北京师范大学出版社，2017.

［70］贺照田. 西方现代性的曲折与展开［M］. 长春：吉林人民出版社，2002.

［71］洪明. 回到家庭谈德育：我国家庭德育状况及改进研究报告［M］. 北京：中国青年出版社，2014.

［72］胡元林. 高校资助育人研究［M］. 南京：南京大学出版社，2019.

［73］黄蓉生. 当代青年思想政治教育研究［M］. 成都：四川人民出版社，2002.

［74］江应中. 学生资助政策的伦理诉求与价值抉择［M］. 南京：江苏人民出版社，2018.

［75］居峰. 高校主体间性思想政治教育研究［M］. 北京：清华大学出版社，2015.

［76］李德顺. 价值论［M］. 北京：中国人民大学出版社，2007.

［77］李福华. 高等教育政策分析［M］. 北京：人民出版社，2018.

［78］李国钧，王炳照. 中国教育制度通史（第8卷）［M］. 济南：山东教育出版社，2000.

［79］联合国教科文组织国际教育发展委员会. 学会生存——教育世界的今天和明天［M］. 北京：教育科学出版社，1996.

［80］梁国平. 高校资助育人的探索与实践［M］. 成都：西南交通大学出版社，2015.

［81］梁剑宏. 大数据时代思想政治教育环境新论［M］. 北京：光明日报出版社，2015.

［82］林泰. 问道——改革开放以来的社会思潮与青年思想政治教育研究［M］. 北京：中国社会科学出版社，2013.

[83] 刘宏达，万美容．高校思想政治工作前沿问题研究［M］．北京：人民出版社，2019.

[84] 刘黎明．教育学视阈中的人——基于马克思主义人学的思考［M］．北京：科学出版社，2010.

[85] 柳海民．教育学原理：第 2 版［M］．北京：高等教育出版社，2019.

[86] 罗丽琳．大数据视域下高校贫困生精准资助研究［M］．北京：知识产权出版社，2018.

[87] 秦在东．思想政治教育管理研究［M］．北京：人民出版社，2019.

[88] 屈陆．思想政治教育认知问题研究［M］．北京：中国社会科学出版社，2021.

[89] 申钊．新时代高校资助育人体系实效性探索与研究［M］．长春：吉林大学出版社，2020.

[90] 沈红．中国高校学生资助的理论与实践（1997—2016）［M］．北京：中国社会科学出版社，2016.

[91] 沈华．中国高校资助政策与学生行为选择研究［M］．北京：中国社会科学出版社，2012.

[92] 石瑛．结构运行：思想政治教育机制研究［M］．长春：吉林人民出版社，2013.

[93] 孙科技．教育政策执行碎片化的整体性治理［M］．上海：上海人民出版社，2020.

[94] 孙其昂．思想政治教育学前沿研究［M］．北京：人民出版社，2013.

[95] 谭培文．马克思主义人学中国化研究［M］．北京：人民出版社，2011.

[96] 童彭庆．思想政治教育心理学［M］．北京：高等教育出版社，1996.

[97] 万光侠．马克思主义人学视域中的思想政治范式转换研究［M］．济南：山东人民出版社，2014.

［98］王海．人的全面发展理论与思想政治教育研究［M］．北京：中国社会科学出版社，2020．

［99］王坤庆．精神与教育：一种教育哲学视角的当代教育反思与建构［M］．上海：上海教育出版社，2002．

［100］王娜．新时代高校学生资助工作理论与实务［M］．北京：中国人民大学出版社，2020．

［101］王世忠．大学生资助政策执行效果评估研究［M］．北京：中国社会科学出版社，2014．

［102］王晓丽．生活世界视阈下人的发展研究［M］．北京：人民出版社，2008．

［103］王岩．广东高校资助育人工作研究［M］．广州：广东高等教育出版社，2019．

［104］王智慧．人的存在与思想政治教育［M］．郑州：郑州大学出版社，2013．

［105］吴长锦．思想政治教育协同创新研究［M］．北京：中央编译出版社，2019．

［106］熊建生．思想政治教育内容结构论［M］．北京：中国社会科学出版社，2012．

［107］杨庆实．中国高校学生资助政策体系理论与实践研究［M］．北京：中国社会科学出版社，2017．

［108］叶方兴．社会之镜：思想政治教育社会整合研究［M］．上海：上海人民出版社，2018．

［109］袁本新．人本德育论：大学生思想政治教育的人文关怀与人才资源开发研究［M］．北京：人民出版社，2007．

［110］袁贵仁．马克思主义人学理论研究［M］．北京：北京师范大学出版社，2012．

［111］袁祖社．马克思主义人学理论与社会发展探究［M］．北京：人民出版社，2016．

［112］张芬，杨道建．新时代高校资助育人理论与实践［M］．镇江：江

苏大学出版社，2021.

[113] 张建云.身内自然人化：马克思主义关于人的内在自然人化思想及当代价值 [M].北京：中央编译出版社，2014.

[114] 张民选.理想与抉择：大学生资助政策的国际比较 [M].北京：人民教育出版社，1997.

[115] 张维.各国大学生资助政策对比研究 [M].北京：知识产权出版社，2019.

[116] 张耀灿，郑永廷，等.现代思想政治教育学 [M].北京：人民出版社，2006.

[117] 张耀灿.中国共产党思想政治教育史论 [M].北京：高等教育出版社，2018.

[118] 张耀灿，等.成才不是梦：高校贫困生的现状与未来 [M].北京：人民出版社，2005.

[119] 张毅翔.思想政治教育方法创新研究 [M].北京：人民出版社，2018.

[120] 赵贵臣.中国大学生资助体系德育功能研究 [M].北京：人民出版社，2015.

[121] 杜威.杜威教育名篇 [M].赵祥麟，王承绪，译.北京：教育科学出版社，2019.

[122] 郑树山.中国教育年鉴 1999 [M].北京：人民教育出版社，1999.

[123] 郑永廷.思想政治教育方法论：第 2 版 [M].北京：高等教育出版社，2010.

[124] 国家发展和改革委员会.“十三五”国家级专项规划汇编 [M].北京：人民出版社，2017.

[125] 教育部思想政治工作司.加强和改进大学生思想政治教育重要文献选编（1978—2014）[M].北京：知识产权出版社，2015.

[126] 教育部思想政治工作司，全国高校思想政治教育研究会.思想政治教育学科设立 30 周年——高校思想政治教育创新发展研究 [M].北京：中

国书籍出版社，2015.

[127] 全国人民代表大会常务委员会法制工作委员会．中华人民共和国法律汇编·2018（上册）［M］．北京：人民出版社，2019.

[128] 全国人民代表大会常务委员会法制工作委员会．中华人民共和国法律汇编·2018（下册）［M］．北京：人民出版社，2019.

[129] 中共中央党校马克思主义理论教研部，中国马克思主义研究基金．马克思主义关于人的学说［M］．北京：人民出版社，2011.

[130] 中央教育科学研究所．中华人民共和国教育大事记：1949—1982［M］．北京：教育科学出版社，1984.

[131] 中共中央宣传部宣传教育局．加强和改进大学生思想政治教育文件选编［M］．北京：中国人民大学出版社，2005.

[132]《中国教育年鉴》编辑部．中国教育年鉴（1949—1981）［M］．北京：中国大百科全书出版社，1984.

[133]《思想政治教育学原理》编写组．思想政治教育学原理：第2版［M］．北京：高等教育出版社，2019.

[134] O. F. 博尔诺夫．教育人类学［M］．李其龙，等译．上海：华东师范大学出版社，1999.

[135] 奥伊肯．新人生哲学要义［M］．北京：中国城市出版社，1995.

[136] 韦伯．经济与社会：上卷［M］．林荣远，译．北京：商务印书馆，1997.

[137] 兰德曼．哲学人类学［M］．贵阳：贵州人民出版社，2006.

[138] 诺埃尔．今日达尔文主义［M］．朱晓法，译．北京：北京大学出版社，2000.

[139] 卢梭．论人类不平等的起源和基础［M］．北京：商务印书馆，1962.

[140] 约翰斯通，马库奇．高等教育财政：国际视野中的成本分担［M］．沈红，译．武汉：华中科技大学出版社，2014.

[141] 谢弗勒．人类的潜能：一项教育哲学的研究［M］．上海：华东师范大学出版社，2006.

［142］杜威. 人的问题［M］. 傅统先，邱椿，译. 上海：上海人民出版社，1965.

［143］马斯洛. 动机与人格［M］. 许金声，等译. 北京：华夏出版社，1987.

［144］马斯洛. 人的潜能与价值［M］. 林方，等编译. 北京：华夏出版社，1987.

［145］布鲁贝克. 高等教育哲学［M］. 郑继伟，译. 杭州：浙江教育出版社，1986.

［146］杜德斯达. 世纪的大学［M］. 刘彤，等译. 北京：北京大学出版社，2005.

［147］约翰斯通. 高等教育财政问题与出路［M］. 沈红，等，译. 北京：人民教育出版社，2004.

［148］亚当·斯密. 国民财富的性质和原因的研究［M］. 郭大力，王亚楠，译. 北京：商务印书馆，1986.

二、期刊论文

［1］陈宝生. 进一步加强学生资助工作［J］. 中国高等教育，2018（6）：4-5.

［2］陈秉公. 思想政治教育本质研究现状及建议［J］. 思想教育研究，2014（6）：6-12.

［3］陈娟，庞立生. 思想政治教育内容合理性及其实现研究［J］. 广西社会科学，2021（1）：171-176.

［4］陈永志，高杨帆，钱作勤. 思想政治教育研究范式的比较研究：兼评人学范式的转换［J］. 武汉理工大学学报（社会科学版），2014，27（4）：643-647.

［5］褚凤英. 思想政治教育价值研究的理论演进与人本价值研究之展望［J］. 学校党建与思想教育，2017（9）：11-14.

［6］范晓婷，曲绍卫，纪效珲，等. 我国普通高中学生资助政策执行效果评估：基于2014年全国38个省级单位的实证分析［J］. 教育科学，2015，

31 (4)：69-74.

[7] 范晓婷，曲绍卫. 经济新常态下全国高校学生资助经费管理研究：基于 2007—2013 年学生资助发展报告统计数据分析 [J]. 教育发展研究，2015, 35 (19)：47-52.

[8] 冯刚，严帅. 新时代大学生思想政治教育工作质量评价的方法和路径 [J]. 国家教育行政学院学报，2019 (5)：46-53.

[9] 冯刚. 改革开放以来高校思想政治教育政策设计与发展展望 [J]. 国家教育行政学院学报，2018 (9)：28-35.

[10] 冯刚. 论新时代高校思想政治工作守正创新 [J]. 上海交通大学学报（哲学社会科学版），2021, 29 (5)：31-40.

[11] 冯刚. 增强高校思想政治教育持续发展的内生动力 [J]. 中国高等教育，2017 (Z2)：25-29.

[12] 冯涛. 大学生资助政策的历史回顾与制度设计 [J]. 中国高等教育，2018 (12)：40-42.

[13] 甘诺，王翔. 我国贫困大学生研究回顾与展望（1994—2020 年）[J]. 江苏高教，2021 (5)：62-67.

[14] 葛彬超，王立泽. 思想政治教育社会哲学范式中的人学取向 [J]. 思想教育研究，2020 (12)：54-59.

[15] 韩丽丽，李廷洲. 改革开放 40 年我国高等教育资助体系的回顾与展望 [J]. 中国高教研究，2018 (6)：29-36.

[16] 胡元林，郑大俊. 论国家奖助学金的育人功能 [J]. 江苏高教，2015 (3)：146-148.

[17] 季俊杰，熊婧. 高校资助政策价值主题的演进规律与启示 [J]. 教育学术月刊，2021 (9)：37-44.

[18] 金峰，王腾飞. 深化发展型资助育人成效的机制分析：以清华大学为例 [J]. 河南师范大学学报（哲学社会科学版），2020, 47 (6)：153-156.

[19] 赖雄麟，梁东亮. 思想政治教育人学范式献疑 [J]. 思想教育研究，2016 (3)：16-20.

[20] 李琼. 新中国高校学生资助政策的历史回顾与未来展望 [J]. 福建

师范大学学报（哲学社会科学版），2021（5）：121-130，170-171.

　　[21] 李艳萍，廖利明．朋辈理念下大学生思想政治教育的开展 [J]．吉首大学学报（社会科学版），2017，38（S2）：148-150.

　　[22] 林伯海．关于深化思想政治教育学科建设与研究的三个问题的思考 [J]．思想教育研究，2014（1）：15-17.

　　[23] 林文伟，廖丽金，赵北琳．"人的全面发展"视阈下的高校帮困育人体系创新 [J]．思想教育研究，2010（7）：90-92.

　　[24] 凌峰．基于权利与义务对等的高校学生资助模式刍议 [J]．高教发展与评估，2010，26（5）：48-53，123.

　　[25] 马晓燕．理解高校资助育人科学内涵的三个维度 [J]．思想政治教育研究，2020，36（3）：152-155.

　　[26] 马晓燕．新时代高校资助育人论要 [J]．东北师大学报（哲学社会科学版），2020（4）：176-182.

　　[27] 曲绍卫，范晓婷，曲垠姣．高校大学生资助管理绩效评估研究：基于中央直属120所高校的实证分析 [J]．教育研究，2015，36（8）：42-48.

　　[28] 曲绍卫，刘晶．当前我国高校助困与育人契合的实效性分析：基于全国11所高校大学生资助问卷调研 [J]．思想理论教育导刊，2012（11）：119-121.

　　[29] 曲绍卫，汪英晖．大学生资助对德育水平、学业成绩和就业质量的促进作用 [J]．中国高等教育，2018（5）：24-26.

　　[30] 沈秋欢，胡友志．高校"资助育人"的功能分析与价值确证：基于教育制度伦理学视角 [J]．重庆高教研究，2019，7（3）：110-118.

　　[31] 孙其昂．论依靠全社会共同来做思想政治工作 [J]．河海大学学报（哲学社会科学版），2004（1）：68-70，74.

　　[32] 孙涛，高清晨．我国高校学生资助政策的伦理困境及其突围 [J]．高教探索，2020（12）：17-21.

　　[33] 孙涛．建党一百年来我国高校学生资助政策变革的历程、逻辑与展望 [J]．教育科学，2021，37（4）：19-25.

　　[34] 唐志文．论新发展阶段推进高校资助育人的高质量发展 [J]．思想

理论教育, 2021 (11): 105-111.

[35] 王晓霞. 高校思想政治工作育人体系建设及其作用发挥: 基于2014—2017 年全国 35 所高校的调查分析 [J]. 思想政治教育研究, 2019, 35 (2): 98-103.

[36] 王振. 深化新时代高校以文化人实践的路径研究 [J]. 国家教育行政学院学报, 2018 (12): 53-58.

[37] 王振. 思想政治教育视域下以文化人研究的特点与趋势 [J]. 学校党建与思想教育, 2020 (7): 24-27.

[38] 王振. 新时代以文化人重要思想的理论蕴涵 [J]. 马克思主义理论学科研究, 2019, 5 (4): 141-149.

[39] 向辉, 杜汇良, 张春生. 以需要为原则构建学生资助体系: 清华大学学生资助工作的探索与实践 [J]. 思想教育研究, 2010 (10): 86-88.

[40] 项久雨. 以人为本: 思想政治教育主客体关系的马克思主义人学之维 [J]. 教学与研究, 2016 (2): 31-37.

[41] 邢中先, 张平. 新中国成立 70 年来的高校资助育人: 历史演进与现实启示 [J]. 广西社会科学, 2019 (10): 177-182.

[42] 徐英, 李天悦. 发展型资助: 新时代高校学生资助发展的新维度 [J]. 教育评论, 2018 (2): 18.

[43] 阎光才. 高校毕业生职业发展能力与人才培养制度改革 [J]. 中国高教研究, 2016 (11): 18.

[44] 杨德广, 张兴. 论教育的公益性和产业性 [J]. 江苏高教, 2000 (5): 13.

[45] 杨钋, 刘霄. 研究生收费前贫困资助政策的瞄准和减贫效果分析: 以首都高校研究生为例 [J]. 教育与经济, 2019 (2): 78-87.

[46] 杨婷, 蒋毓慧. 朋辈群体特性对大学生政治认同影响的实证研究 [J]. 思想政治教育研究, 2021, 37 (2): 128-135.

[47] 杨晓慧. 关于新时期高校学生精准资助工作的思考 [J]. 中国高等教育, 2016 (9): 22-25.

[48] 杨振斌. 做好新形势下高校资助育人工作的实践与思考 [J]. 中国

高等教育，2018（5）：17-20.

[49] 喻国明.信息茧房禁锢了我们的双眼 [J].领导科学，2016（36）：20-21.

[50] 张昆仑.边际效用递减规律新探 [J].现代财经，2004（4）：8-10.

[51] 张晓燕，孙振东.论教育的民生功能 [J].教育发展研究，2014，34（5）：41-46.

[52] 张耀灿，曹清燕.论马克思主义人学视野中思想政治教育的目的 [J].马克思主义与现实，2007（6）：169-171.

[53] 张耀灿.推进思想政治教育研究范式的人学转换 [J].思想教育研究，2010（7）：3-6.

[54] 张莹.高校学生资助工作的现状与展望：以上海高校为例 [J].思想理论教育，2014（12）：108-111.

[55] 张远航，郭驰."三全育人"视域下高校资助育人的逻辑建构 [J].思想理论教育，2020（7）：107-111.

[56] 赵贵臣，肖晗.诚信教育融入高校资助育人体系的路径 [J].思想教育研究，2021（1）：155-159.

[57] 赵贵臣.高校学生资助育人方式创新研究：坚持经济扶贫与精神扶志相结合 [J].思想教育研究，2012（8）：94-96.

[58] 钟秉林，方芳.一流本科教育是"双一流"建设的重要内涵 [J].中国大学教学，2016（4）：4-8，16.

[59] 周菊芳.马克思主义人学理论视域下的学校思想政治教育探讨 [J].中国教育学刊，2019（S1）：241-243.

[60] 艾烨.公共政策执行公平性问题研究 [D].北京：中共中央党校，2019.

[61] 曹璇.我国高等院校本科阶段贫困学生资助模式研究 [D].合肥：中国科学技术大学，2018.

[62] 范晓婷.大学生资助管理评估研究 [D].北京：北京科技大学，2016.

［63］冯光娣. 中国高等教育社会政策研究［D］. 天津：南开大学，2012.

［64］刘燕. 中国大学奖学金问题研究：学生资助的视角［D］. 武汉：华中科技大学，2006.

后 记

　　本书是在我博士学位论文的基础上修改而成的。

　　资助育人的选题来源于我对工作的思考和困惑。从 2015 年做辅导员开始，到现在专职从事学生资助工作，7 年来，我一直是资助育人领域的学习者和实践者。在工作中深感资助育人之于国家兴旺、社会进步和学生发展的重要意义，深知自己作为资助育人理念实践者的重要责任，也困惑于资助育人实践中发现的一些问题，这些思考激发了我对资助育人进行进一步研究的兴趣。尽管资助育人是我日常工作中每天都要接触的问题，但想从理论的层面阐释清楚没那么容易。本书的写作过程并非一帆风顺，曾几次遇到困难和瓶颈。除了在浩瀚的书海和实践中寻找答案，还幸而有各位老师和前辈的指点帮助，经历数易其稿后，才形成了眼前这本拙作。学习无终点，研究无止境。资助育人是一个新问题，也是一个真问题，这个问题仍需要我们继续关注和思考，力求探索更科学的育人方法和更高效的发展路径，为资助育人事业的发展、新时代我国高校思想政治工作和高等教育事业发展尽一份绵薄之力。

　　在本书付梓之际，看着这本虽显稚嫩却凝聚了自己诸多心血的小册子，我思绪万千。三年的博士求学时光，要感谢的实在太多，要感慨的也实在太多。抬眼窗外，秋风习习，夜色静谧，北京迎来最美的季节；屋内桌上，书卷青灯，手伴咖啡，半垛文献，一台电脑，也陪我迎来了收获的时刻。从备考博士到本书定稿，一千多个日日夜夜的点滴回忆如潮水般涌上心头，有边工作边读博的不易，有跨学科学习的艰辛；有面对困难时的无助，有安心学习的坚定；有对自己学术能力的怀疑，有取得小小进步时的雀跃……这些点滴虽已远去，但却一笔一笔在我脑海留下印迹，雕刻着我成长与蜕变的时光。

这段辛苦却充实的岁月历练，将会成为我一生最宝贵的财富。

感谢我的母校北京师范大学。2015年，从北师大硕士毕业后，我有幸成为一名教育工作者，多年来奋战在高校思想政治工作的第一线。工作期间，我始终牢记"学为人师，行为世范"的校训，严格要求自己。母校给予我的精神力量，将会永远鼓舞和鞭策我。今年恰逢母校120周岁生日，祝母校生日快乐！

感谢我的导师冯刚教授。感谢他三年前将我收入门下，给了已近而立之年的我继续求学的机会。第一次知道导师的名字，源于学习一本他的学术著作，当时只觉得导师是遥不可及的、印在书上的名字，直到拜入导师门下很久，这种美梦成真的不真实感还时常浮现，但导师的谆谆教诲和耐心指导，带给了我真实的感动与成长。恩师渊博的学识、睿智的思想、正直的品格、严谨的治学态度、爱生如子的情怀都令我钦佩。在跟从恩师学习的时间里，导师给予我太多太多，难以言表，无以为报。带一个跨学科的在职学生是很花精力的，但老师从未疏于对我的关怀和指导，总是会在给予我建议的同时附上温暖的鼓励，感谢恩师对于不够优秀的我给予的耐心、宽容与理解。

感谢我的师母刘谦教授。师母是一位气质优雅而美丽的学者，每次和师母见面，都能听到师母对人生、对学术、对生活的感悟，这些教导温柔却有力量，深深地影响着我、激励着我。

感谢北京师范大学马克思主义学院的各位老师奉献的精彩课程和学术报告，这些学习使我受益匪浅。因为有你们，让我深深地感受到成为北师大学子是一件多么幸福的事。

感谢校外专家彭庆红教授、谢玉进教授和北师大马院的张润枝教授、马振清教授、邢国忠教授、王天民教授、石芳副教授、吴林龙副教授等老师在论文的开题、预答辩和答辩过程中提出的宝贵修改建议。感谢论文匿名评审专家给出的中肯评阅意见。

感谢同门的兄弟姐妹。在我遇到困难的时候，你们总是竭尽所能帮助我，为我出谋划策。感谢王振、严帅、王栋梁、高静毅、成黎明、王方、张欣等师兄师姐在我读博和论文写作过程中给我的经验和宝贵建议。感谢朱宏强、孙贝、王天玲等师弟师妹在开题、预答辩、答辩时为我整理材料。感谢史宏月、梁超锋、刘嘉圣三位同门，同窗情谊弥足珍贵，感谢你们三年来的陪伴和帮助。

感谢中央财经大学的领导和同事。在职读书不易，感谢你们对我工作上的理解和宽容，以及对我求学的支持。

感谢我的父母和弟弟。父母是我最坚实的后盾和最温暖的港湾，给我最大的自由，让我安心追逐自己的梦想，做自己想做的事情，在我做出各种决定时无条件地支持我、鼓励我。遗憾的是，考博前父亲因病远去，但在我心里，他从未离开，对父亲的哀思化作无尽的力量，鼓舞着我不断前进。父亲远去后，母亲独自生活在太原，因为读博和工作的原因，假期常常不能回家陪伴母亲，我对此深感歉疚，她却从未埋怨，反而时常和我说不要挂念她，一定要安心学习。感谢父母给予我的一切！感谢弟弟一直以来的支持和关心。

感谢读博期间给予我帮助的所有前辈和朋友。在遇到困难和挫折时，是你们的陪伴和帮助让我在求学路上倍感温暖、充满力量。

最后，感谢岁月对我的磨砺，也感谢自己在变得更好这件事上没有放弃和逃避。路遥先生曾在书中写道："只能永远把艰辛的劳动看作生命的必要；即使没有收获的指望，也心平气静地继续耕种。"这不仅是平凡世界中生活的意义所在，也是我们学术研究中应有的态度和姿态。生命的宽度和广度应在不停地劳动和不断地探索中实现，除此之外，别无他法。

本书写作过程参考了大量专家学者的研究成果，在此深表感谢！囿于研究时间和学术能力，本书对资助育人的研究还存在一定的不足和局限。疏漏之处，恳请各位前辈、专家和同仁批评指正。

王亚男

2022 年 11 月 16 日于北京